西北师范大学重点培育教材
西北师范大学学科建设经费资助

大学体育运动教程

乒乓球 羽毛球 网球

袁 音 钟全宏◎主编

兰州大学出版社
LANZHOU UNIVERSITY PRESS

图书在版编目（CIP）数据

大学体育运动教程 ： 乒乓球、羽毛球、网球 / 袁音，钟全宏主编. -- 兰州 ： 兰州大学出版社，2025. 3.
ISBN 978-7-311-06837-0

Ⅰ. G84

中国国家版本馆 CIP 数据核字第 20249PT019 号

责任编辑	王颢瑾
封面设计	程潇慧
插　　图	侯天天　刘　倩

书　　名	大学体育运动教程：乒乓球、羽毛球、网球
作　　者	袁　音　钟全宏　主编
出版发行	兰州大学出版社　（地址：兰州市天水南路222号　730000）
电　　话	0931-8912613（总编办公室）　0931-8617156（营销中心）
网　　址	http://press.lzu.edu.cn
电子信箱	press@lzu.edu.cn
印　　刷	兰州银声印务有限公司
开　　本	710 mm×1020 mm　1/16
成品尺寸	170 mm×240 mm
印　　张	13.25
字　　数	239千
版　　次	2025年3月第1版
印　　次	2025年3月第1次印刷
书　　号	ISBN 978-7-311-06837-0
定　　价	78.00元

编 委 会

主　　编 袁　音　钟全宏

编　　委 （以姓氏笔画为序）

邓云玲　任严强　李　航　李　斌

陈丽娟　郝　莹　赵　薇　蒲宜江

前　言

本教材以《全国普通高等学校体育课程教学指导纲要》为重要遵循，紧密结合《国家学生体质健康标准》的相关要求，将体育理论与实践相融合，秉持终身体育和健康教育的宗旨，依据普通高校大学体育课程的现状与教学需求精心编写而成。本教材充分考量大学生的身心发展规律与认知特点，注重与高中体育教学内容的有效衔接，确保知识体系的连贯性与完整性。教材整体架构分为三大板块，分别是上篇（乒乓球）、中篇（羽毛球）以及下篇（网球）。每篇内容涵盖基础理论知识、技术、战术、专项体能练习以及竞赛规则与方法等关键要素，形成了一个全方位、多层次的知识体系。此外，为更好地引导学生学习，每章还精心设计了学习导引、学习目标以及思维导图，帮助学生明确学习方向，高效达成学习目标。

本教材具有系统性、时代性、实践性和普适性等特点。

1. 系统性

本教材在内容编写上严格遵循由浅入深、由易到难的科学原则，构建起一套科学严谨的体育理论知识与运动技能学习体系，精准契合学生身心发展的规律，充分反映现代社会以及教育、科技发展的趋势，展现出独特的风格与鲜明的特色。内容设置巧妙，从运动项目的基础理论知识入手，逐步过渡到技术学习、战术学习，最终延伸至竞赛规则与裁判法的学习，各部分知识紧密相连、层层递进，形成一个有机统一、逻辑清晰的知识整体。

2. 时代性

本教材的编写内容紧跟时代步伐，充分融入时代元素，以图文并茂的表现形式，有效激发学生的学习兴趣，引发学生深入思考。教材中所使用的技术动作绘图，是依据世界多名优秀运动员的技术动作精心绘制而成，具有一定的代表性和权威性。同时，教材还及时引入最新的技术动作，这些技术动作不仅反映了世界竞技体育的高水平与发展趋势，还配有详细的动作描述以及在战术运用上的专业说明，使学生能够更加直观、清晰地了解和学习先进技术，从而提升运动技能水平。

3.实践性

本教材高度重视教学的实践性，对各项运动的技术动作进行全方位、多角度的展示，使抽象的技术动作变得直观易懂，增强了教学的实践性和趣味性。这些丰富的实践素材不仅为课堂教学提供了有力支持，还对教材内容进行了有效拓展和延伸，从根本上提高了大学体育课程的学习效率，帮助学生更好地掌握运动技能，提高身体素质，培养实践能力。

4.普适性

本教材不局限于普通高校大学体育课的课堂教学场景，既可以作为大学生自学、锻炼的课外辅导用书，帮助学生在课余时间自主学习、提升技能、锻炼身体；也可以作为高校体育专业学生普修或选修课程的参考书籍，为专业学生提供系统的理论知识与实践指导，满足不同层次、不同需求学生的学习要求，具有较高的普适性与实用性。

特别感谢西北师范大学及西北师范大学体育学院对本教材的出版给予的鼎力支持！在教材编写过程中，编委会广泛参考并借鉴了众多专家学者的教材与专著，谨向他们致以诚挚的谢意。鉴于编者自身水平以及时间的限制，教材内容可能存在一些不足之处，恳请各位批评指正。

编　者

2024年10月于兰州

目　录

乒乓球

羽毛球

网　球

乒乓球

DAXUE TIYU YUNDONG JIAOCHENG

第一章

乒乓球运动基本知识

■导　　引　乒乓球基本知识是实践形成的系统化知识体系，它涵盖了场地器材、击球技术、步法技术、常规术语等诸多方面。这些知识既源于科学理论的阐释，又基于丰富的实践经验总结，为乒乓球运动的学习与实践提供了坚实的基础。

■学习目标　掌握乒乓球运动基本知识的构成要素，深入理解这些知识的主要内容，明确其在乒乓球运动中的重要作用。

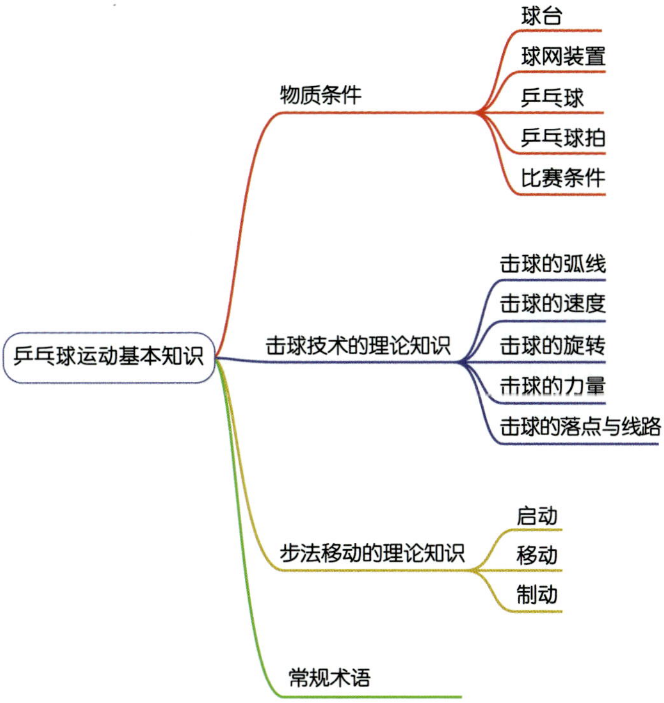

第一节　物质条件

一、球台

乒乓球台的上层平面称为比赛台面。比赛台面应为与水平面平行的长方形，包括台面的上沿，但不包括上沿以下的侧面。台面长度为2.74米，宽度为1.525米，距离地面高度为76厘米。沿每条2.74米长的台面边缘各有一条2厘米宽的白线，称为边线。沿每条1.525米宽的台面边缘各有一条2厘米宽的白线，称为端线。此外，有一条3毫米宽的白线与边线平行，将台面划分为两个相等的“半区”，这条线称为中线（图1.1.1）。

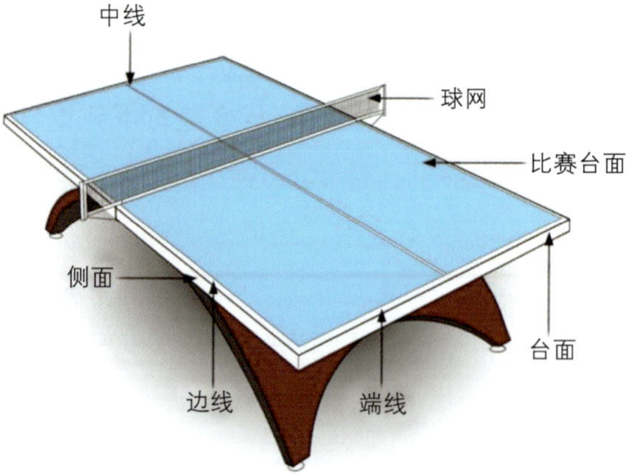

图1.1.1　乒乓球台

比赛台面中央设有与端线平行的球网，球网垂直于台面，将台面均分为两个等大的台区。双打时，各台区由3毫米宽的白色中线划分为两个半区，中线与边线平行，中线属右半区。

二、球网装置

在乒乓球比赛中，球网装置的定位遵循特定的规则。球网装置包括球网、悬网绳、网柱以及用于固定在球台上的夹钳部分。球网的顶端应距离比赛台面15.25厘米，确保球网的底边尽可能靠近比赛台面，且两端应尽可能贴近网柱，以保证比赛的公正性和规范性（图1.1.2）。

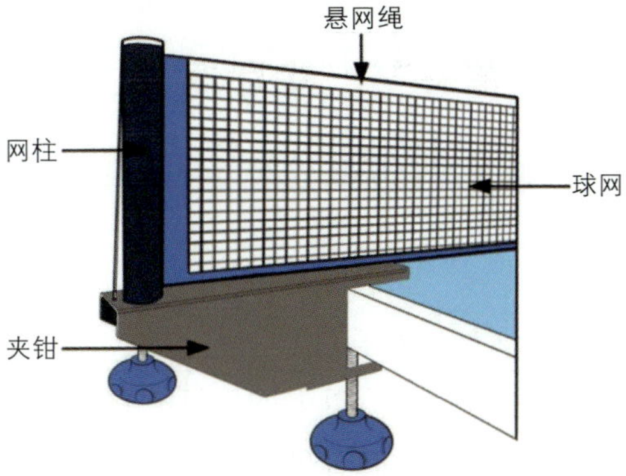

图 1.1.2　球网装置

三、乒乓球

乒乓球的制作材料为赛璐珞或类似塑料，颜色为白色或橙色，且表面无光泽。球体呈圆形，直径为40毫米，重量为2.7克。

四、乒乓球拍

球拍的尺寸、形状和重量没有限制，但要求底板平整且坚硬。用于击球的拍面可以覆盖一层颗粒向外的普通颗粒胶，包括黏合剂在内，其厚度不得超过2毫米；或者覆盖一层海绵胶，海绵胶可以是颗粒向内或向外，包括黏合剂在内，其厚度不得超过4毫米。海绵胶由一层泡沫橡胶上覆盖一层普通颗粒胶组成，其中普通颗粒胶的厚度不超过2毫米。无论球拍两面是否有覆盖物，都必须无光泽，一面为黑色，另一面为与黑色及比赛用球颜色有明显区别的鲜艳颜色。球拍边缘的包边也必须无光泽，且不能为白色。

五、比赛条件

赛区空间：普通比赛场地至少14米长、7米宽、5米高；残疾人轮椅组场地至少8米长、6米宽、5米高。赛区由75厘米高的深色挡板围起。

照明要求：世界锦标赛和奥运会中，比赛台区照明度不低于1000勒克斯，其他区域不低于500勒克斯，整个比赛台区照明度均匀。其他比赛中，比赛台区照明度不低于600勒克斯，其他区域不低于400勒克斯，整个比赛台区照明度均匀。多张球台使用时，照明需一致，背景照明不得高于最低比赛区域照明，光源高度不低于5米。

场地环境：场地四周应呈暗色，无明亮光源或直射日光；地板不反光、不打滑，非砖、水泥或石头材质；世界锦标赛和奥运会中使用木质或国际乒联认可的可移动塑料地板。

裁判决定：裁判长最终决定比赛条件的可接受性，裁判员需熟悉规则，及时报告任何缺陷。

【课后自我评价】

评价内容	等级				
能够熟知乒乓球比赛物质条件的组成（球台、球网装置等）	1	2	3	4	5
能够掌握乒乓球与球拍的规格标准及技术要求	1	2	3	4	5
能够理解比赛条件的具体要求（场地、照明、环境等）	1	2	3	4	5

第二节　击球技术的理论知识

在乒乓球运动中，要实现有效击球，就必须满足两个核心标准：首先，根据比赛规则，击出的球必须越过球网或绕过球网装置，准确地落在对方的球桌上，球必须有合理的弧线；其次，在击球过程中要展现速度、力度、旋转和落点的多样性。

从乒乓球教学和训练的角度来看，提升击球技能不仅需要积累实战经验，还需要深入理解相关的理论知识。这包括对击球技术原理的学习与研究，以及对球的飞行轨迹、速度、旋转、力量和落点等因素的细致分析。

一、击球的弧线

在乒乓球比赛中，球的运动轨迹主要以弧线形式呈现，这种弧线对于确保击球精准度至关重要。弧线的形成与球的运行路线及击球节奏密切相关。

乒乓球的飞行轨迹由弧线曲度和打出距离组成。弧线曲度指球飞行最高点与球台面的垂直高度，打出距离指击球点与落点间的水平直线距离（图 1.2.1）。

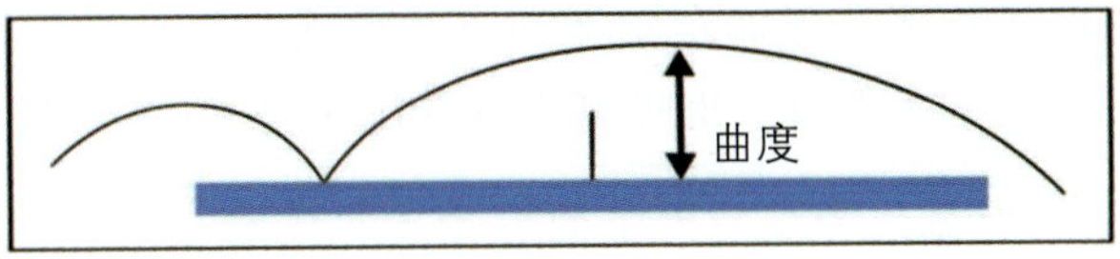

弧线曲度

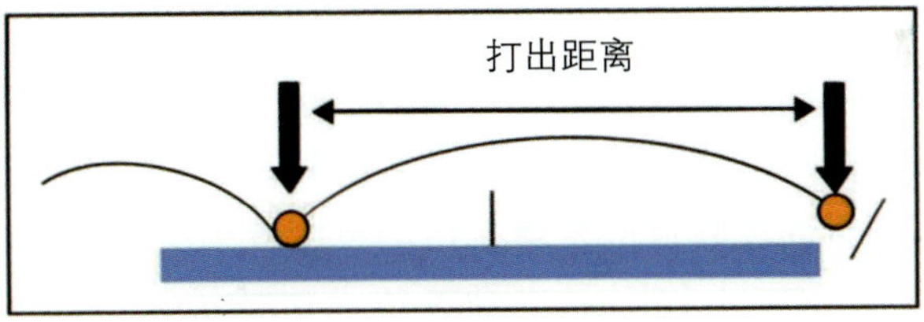

打出距离

图 1.2.1　弧线曲度与打出距离

乒乓球的飞行弧线是在球的飞行过程中，受到地心引力（导致球逐渐下降）和空气阻力的共同作用而形成的。弧线的形状，包括其曲度的高低和飞行距离的长短，会因球拍的用力方向、拍面角度、发力强度以及来球特性等因素而有所不同。

（一）乒乓球飞行弧线受用力方向的影响及其技术应用

乒乓球的飞行弧线受击球时球拍用力方向的影响。用力方向指的是球拍在击球时的运动方向，可以是向前、向前上方或向前下方的。

当来球高于球网时，为了降低飞行弧线的曲度，运动员需要向前下方用力。这种情况下的技术方法包括扣杀球、加力推挡和削球等。

当来球低于球网时，为了增加飞行弧线的曲度，运动员需要向前上方用力。在这种情况下，技术方法包括放高球和拉加转弧圈球等。

这些技术方法的运用，可以帮助运动员更好地控制球的飞行轨迹，提高击球的准确性和战术效果。

（二）飞行弧线受拍面角度的影响及其技术应用

在乒乓球运动中，调整球拍角度是控制乒乓球飞行弧线的关键技术。

面对加转下旋球，运动员应使球拍略后仰，以接触球的中下部，从而增加球的飞行弧线曲度和延长飞行距离。推荐技术包括慢搓和拉加转弧圈球。

回击弧圈球时，运动员应使球拍略前倾，以接触球的中上部，降低球的飞行弧线曲度和缩短飞行距离。推荐技术包括快带（反撕）、快挤和反拉。

拍面前倾降低弧线曲度和距离，后仰则增加弧线曲度和距离。这种技术调整使运动员能根据比赛情况灵活控制球的飞行轨迹，提高竞技效果。通过精确控制球拍角度，运动员能更有效地提高击球的准确性和战术水平。

（三）乒乓球飞行弧线受发力大小的影响及其技术应用

在乒乓球运动中，调整发力大小是控制球飞行弧线的关键技术。以下是根据来球情况，通过变化发力制造理想击球弧线的方法。

面对远离球网且高度较低的来球，运动员需加大击球力度以提高球速，增加飞行弧线曲度和延长飞行距离，推荐技术有中远台拉球和远台削球。

面对接近球网且高度较低的来球，运动员应减小击球力度以降低球速，减少飞行弧线曲度和缩短飞行距离，推荐技术包括挑打、拉半出台球和台内搓球。

通过精细控制发力大小，运动员可灵活调整球的飞行轨迹，以适应比赛需求和提高竞技水平。

（四）乒乓球飞行弧线受旋转的影响及其技术应用

在乒乓球比赛中，球的旋转对其飞行轨迹有着显著的影响。每次击球都包含速度和旋转两个要素。依据流体力学原理，流速与压力成反比。当乒乓球带有上旋时，它会带动周围空气一同旋转。球的上部气流因与迎面空气阻力相撞而减速，下部气流则因阻力方向一致而加速。这导致上旋球上部空气压强大于下部。由于球上下部面积相等，在相同条件下，上旋球的飞行轨迹比无旋转球更低、更短。下旋球则相反，其上部气流速度快、压强小，下部气流速度慢、压强大，产生浮力使球的轨迹更高、更长（图1.2.2）。

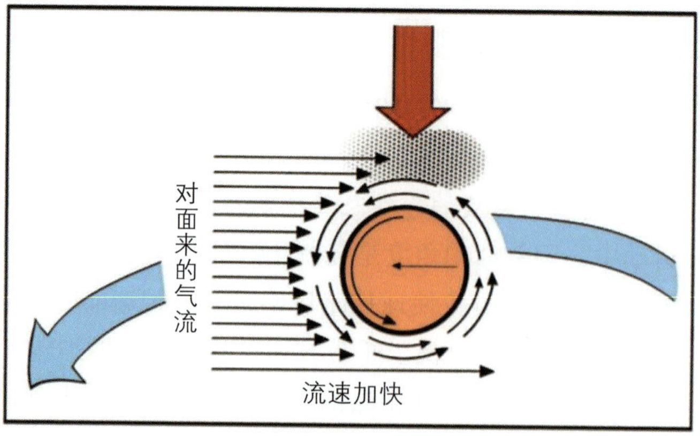

图1.2.2　空气对旋转球的影响

类似地，左侧旋球因左侧空气压强大于右侧，使飞行轨迹向右偏转；右侧旋球则使轨迹向左偏转（图 1.2.3）。这表明，击球产生的飞行弧线特别复杂，运动员需依据来球距离球网的远近、弹起高度、旋转特性及回击时机决定回击策略。同时，还需关注击球方向、拍面角度、力量大小及旋转特性等对弧线的影响。只有使回击策略与来球情况相匹配，并产生恰当的飞行弧线，才能确保回球的精准。

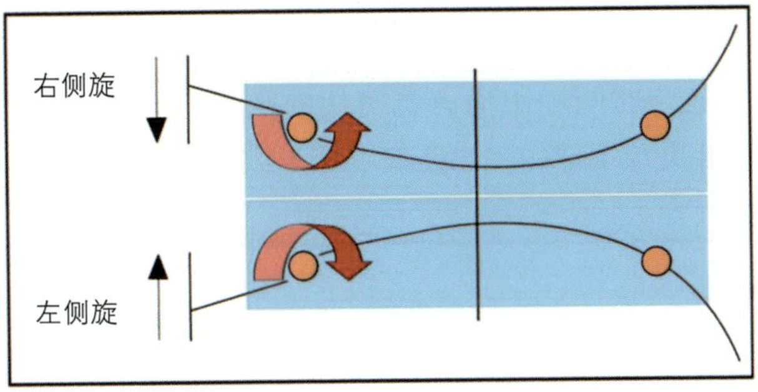

图 1.2.3　左右侧旋球的飞行轨迹

二、击球的速度

乒乓球运动的一个显著特点是其快速的竞技风格。在乒乓球竞技实践中，速度的提升被视为技术创新和发展的关键。

（一）击球速度的分析

在固定时间内，物体前进的距离越长，速度越快；反之，速度越慢。

在固定距离下，物体前进用时越短，速度越快；反之，速度越慢。

乒乓球击球速度受两个因素影响：

一是回击来球的时间，即从球在本方球台弹起到球拍触球的瞬间。在力量相等时，上升前期击球比高点期快，高点期比下降后期快（图 1.2.4）。

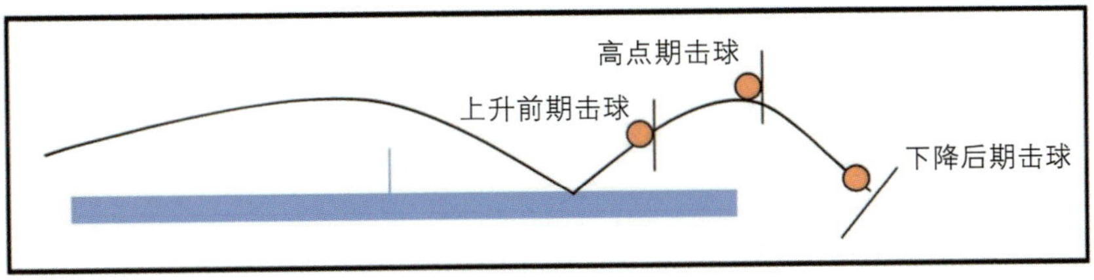

图 1.2.4　击球时间对击球速度的影响

二是球从球拍击出到落于对方台面的飞行时间。在飞行距离固定时，运动员击球时的爆发力越大，球在空中的飞行时间越短；反之则越长。为了提升击球速度，运动员需尽量减少回击来球的时间和球在空中的飞行时间。因此，运动员应提前击球时机，减小回球弧线的弯曲度和飞行距离，并增强击球力度。

（二）提高击球速度的技术要素和方法

1.对提高击球速度的认识

乒乓球教学与训练中，挥拍速度是影响击球速度的关键因素，也是训练的重点。通过分析乒乓球的飞出距离，可以推断出挥拍速度，这进一步证实了在乒乓球运动中球速与时间和距离有着密切的联系，特别是在运动员进行扣杀时，挥拍速度直接决定了球的飞出距离（图1.2.5）。

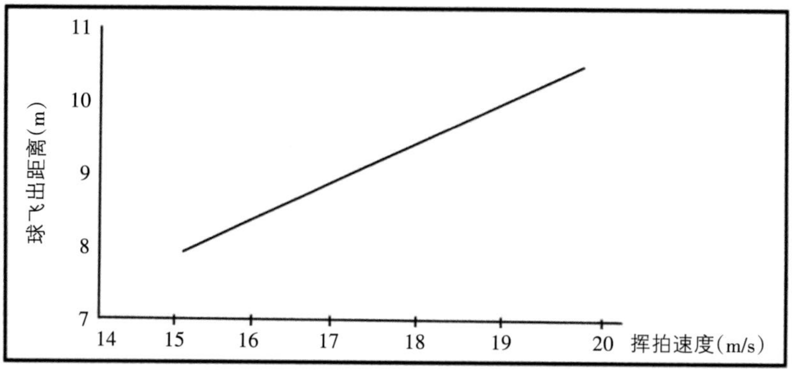

图1.2.5　男子挥拍速度与球飞行距离的关系

关于提升挥拍速度，有学者提出了球拍加速的三级推进模型。该模型指出，球拍达到最高速度是一个由身体三个阶段逐级加速的过程，这个过程可以被视为一种鞭打式的运动模式（图1.2.6）。

第一阶段：初始加速，主要涉及腿部和腰部的肌肉群。

第二阶段：中间加速，此时肩部和背部开始参与加速的过程。

第三阶段：最终加速，前臂、手腕和手指的快速收缩为球拍提供最后的动力，实现高速击球。

这种分级加速的方法有助于运动员更有效地利用身体各部分的力量，从而提高击球的速度。

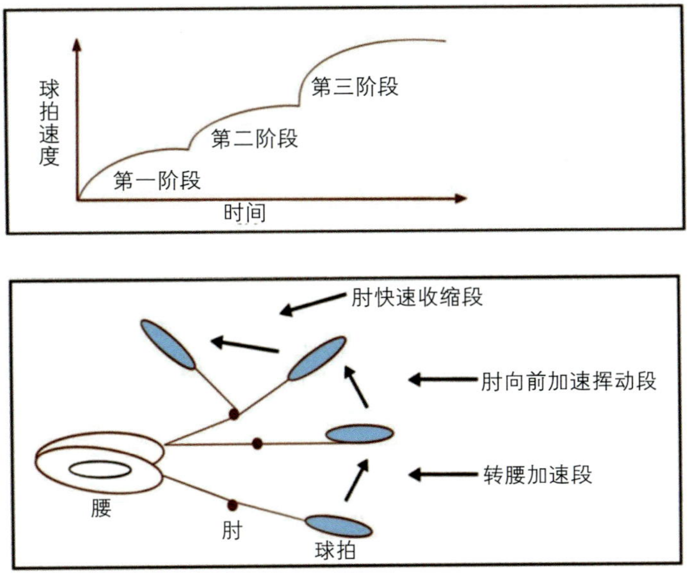

图 1.2.6　球拍加速过程示意图

2.提高击球速度的技术要素和技术方法

提高乒乓球击球速度的关键在于优化以下几个技术动作要素：

选位——靠近球台以快速反应并控制球的方向。

引拍——缩短引拍距离，提升击球的速度和突然性。

击球时机——在球的上升期前击球，利用动能增加速度并缩短对手的反应时间。

触球加速——在击球瞬间达到最大的挥拍速度，从而提高击球速度。

击球力量——协调全身力量，提高击球质量。

击球部位——精确控制击球点，确保力量有效传递。

弧线控制——向前发力，压低弧线，提高球速并增加防守难度。

这些要素共同作用，实现比赛中的高质量击球（图 1.2.7）。

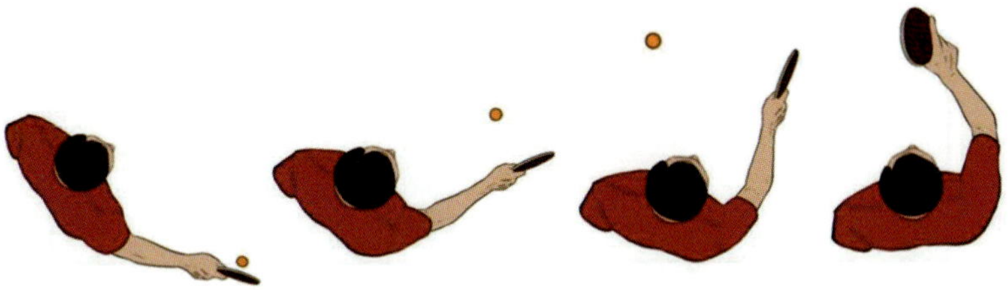

图 1.2.7　加速挥拍用力模拟示意图

三、击球的旋转

乒乓球旋转及其变化是得分的关键，同时旋转还能提升球速，体现了乒乓球旋转的重要性。只有深入理解乒乓球旋转产生的原理以及不同旋转球的变化规律，才能更有效地掌握和控制各种旋转球，从而增加比赛中的得分概率。

（一）乒乓球旋转的原理及其影响因素

1.乒乓球旋转的原理

（1）当击球时，如果施加的力的作用线（F）恰好穿过球心（O），球将仅获得向前的运动速度，而不会附带任何旋转运动（图1.2.8）。

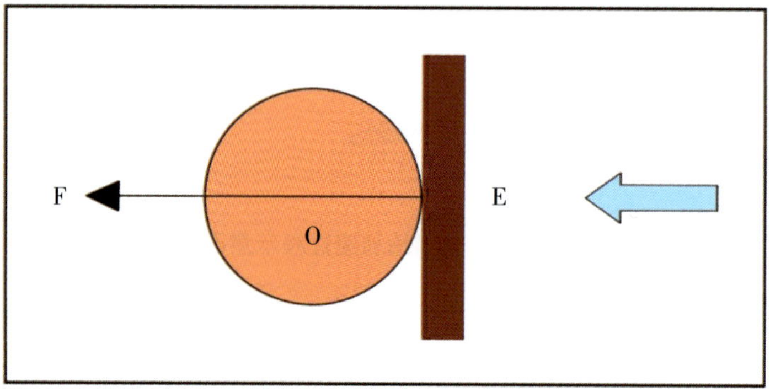

图1.2.8　力的作用线通过球心

（2）如果在击球过程中，力的作用线（F）并未穿过球心（O），而是与球心保持一定的垂直距离，这个距离（L）被称为力臂。力臂的存在导致作用力（F）被分解为两个分力：一个垂直于球拍的分力（f），负责推动球的平动；另一个平行于球拍的分力（s），则促使球产生旋转（图1.2.9）。

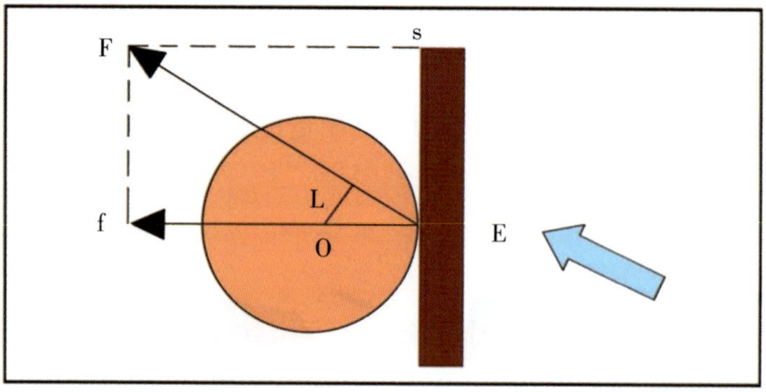

图1.2.9　力的作用线不通过球心

（3）在击球瞬间，球拍与球的接触产生了两种力：一种是垂直于球拍的前进力，另一种是平行于球拍的摩擦力。正是这种摩擦力，成为乒乓球旋转的直接原因。

2.乒乓球旋转强度的影响因素

（1）力臂长度：在击球力量相等的情况下，击球时，力臂越长，摩擦力越大，旋转越强；力臂越短，摩擦力越小，旋转越弱。

（2）击球力量：力臂相同，击球力量越大，旋转越强；力量越小，旋转越弱。

（3）球拍黏性：黏性越好，摩擦力越大，旋转越强；黏性越差，摩擦力越小，旋转越弱。

（4）击球部位：当挥拍速度一定时，用拍头部位击球，线速度大，旋转强；用拍柄部位击球，线速度小，旋转弱（图1.2.10）。

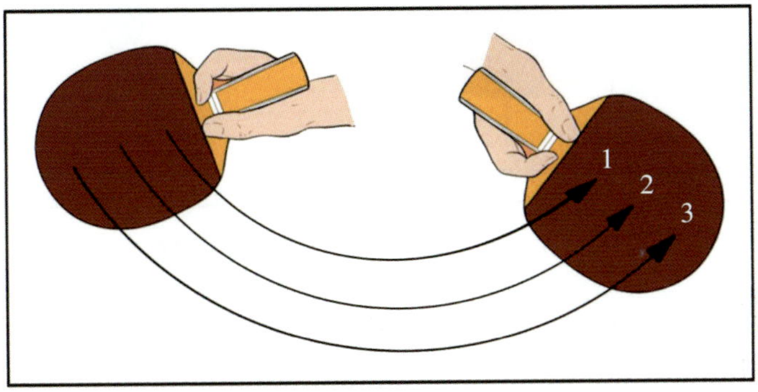

图 1.2.10　球拍不同部位击球的线速度不同

（二）提高击球旋转的教学与训练要点及应对旋转球的方法

1.提高击球旋转的教学训练要点

（1）增加力臂：击球时，使力的作用线远离球心，从而增大力臂，增强摩擦力。

（2）增强力量：加大挥拍的力量，以增加球拍对球的摩擦力。

（3）选择黏性球拍：使用黏性较好的球拍，有助于增加拉球或削球时的摩擦力。

（4）合理击球部位：使用球拍合适的部位拉球或削球，以增强球的旋转效果。

（5）顺（随）球旋转挥拍：采用向球内摆动的弧形挥拍方式，有助于增大球的旋转程度。

2.应对旋转球的策略

（1）调整拍面和用力方向应对旋转：下网时，拍面后仰，向上发力；出界时，拍面前倾，向前发力。例如，攻上旋球时拍面前倾，攻下旋球时向上发力多。

（2）用力量对抗旋转：高球直线扣杀削弱旋转；回击低弧度球时主动发力减弱旋转。训练重点是提升挥拍速度和爆发力，少借力。

（3）以转治转和以不转治转：顺着球旋转时，可借力增强回球旋转；逆着来球旋转击球，注意调整拍面和发力方向，靠自身发力；避转法击球改变部位避开强转区，减少“吃转”（图1.2.11）。

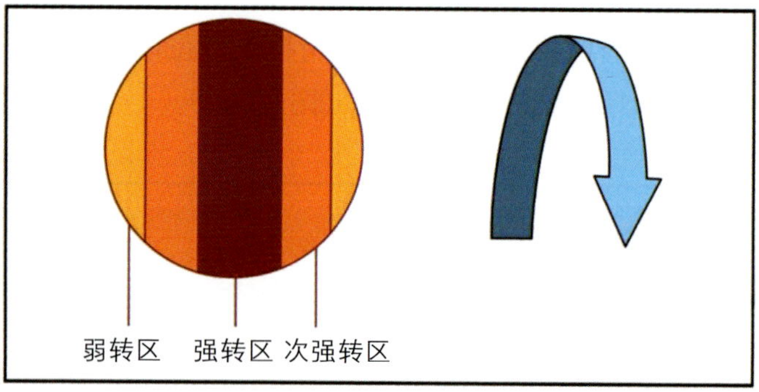

图1.2.11　球体不同区域的旋转强度

四、击球的力量

击球力量对提升球速、制造及克服旋转、增强击球威力至关重要。力量大小主要由挥拍加速度决定。提升挥拍速度需增强力量素质，特别是爆发力和全身协调用力的能力。力量越大，球速越快，越能主动创造机会。

（一）击球力量的分析

在乒乓球运动中，球拍和球的质量相对固定，击球力量与挥拍加速度或触球瞬时速度相关。球拍瞬时速度越快，击球力量越大。发力冲球或削强旋转球依赖击球爆发力，爆发力由球拍瞬时速度决定。例如，拉弧圈球或削球时，球拍速度越快，球的旋转力越强。提升爆发力需协调大臂、前臂、手腕动作，并配合腰、腿力量。

依据力学原理，球拍加速时的瞬时速度取决于加速距离和速度增加速率。物体由静到动，因惯性需逐渐加速。加速距离越长，在相同速度增加速率下，瞬时速度越快。为保证击球力量，球拍需要有足够长的加速距离。近台快攻因多用前臂发力、上升期击球且时间短，加速距离短，打出的球力量不足。为提高爆发力，需适当拉长加速距离，更重要的是在此距离内快速增加挥拍速度。相同加速距离下，挥拍速度快，击球力量大。为加快一定距离内的挥拍速度，需发挥腿、腰、大臂、前臂和手腕的协调作用。

（二）提高击球力量的方法

合理击球位置：通过及时移动步法，抢占有利的击球位置，保持一定的加速距离，加快挥拍速度。

提高肌肉效率：击球前向后引拍，使肌肉拉长，利于快速收缩，提高工作效率。

正确的击球时间、击球点：选择合适的击球时间、击球点，有利于手臂充分发力，加快挥拍速度，同时在击球后迅速放松肌肉，恢复准备状态。

加强速度力量训练：进行专项快速力量的辅助练习，增强击球的爆发力。

通过这些方法，球员可以提高击球力量，从而在比赛中取得更好的表现。

五、击球的落点与线路

乒乓球的落点是球落于台面的点，从击球点到落台点的连线称为击球线路，击球落点和线路决定击球质量。随着乒乓球竞技水平的提升，近网短球和直线球的争夺日益激烈，落点与线路的精准控制成为比赛的关键因素。

（一）对击球落点和线路的认识

击球落点主要由击球力量决定。通常情况下，力量小则回球落点靠近球网（摆短球），力量大则落点远离球网（劈长球）。击球线路则通过调整拍面角度或击球时间来控制，如球拍的外撇、内扣，或击球时间的早与迟均可改变击球线路（图 1.2.12）。

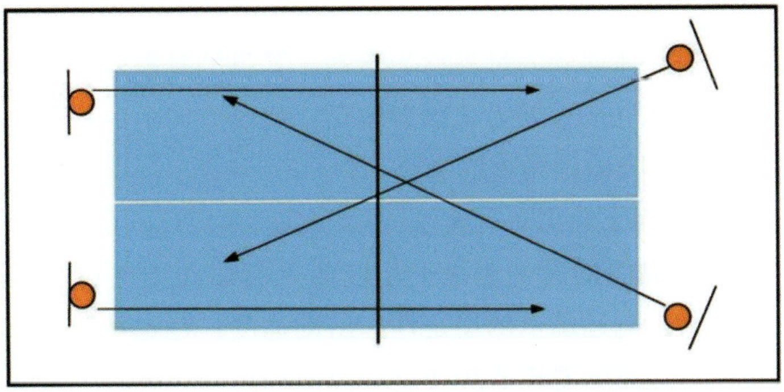

图 1.2.12　乒乓球击球线路与拍面角度的关系

在乒乓球教学训练中，重视对击球落点和线路的认识，从技术角度看，能提升击球质量。击球的速度、旋转和力量结合不同的落点和线路，形成具有战术意义的击球变化。

（二）乒乓球落点和线路使用的意义

扩大对方移动范围。落点远离对方站位，增加其移动距离；球近网时，对方需上步接球，配合劈长可使对方撤步，加大其前后移动范围。

增大对方击球难度。落点靠近对方身体，使其难以让位；直线球速快，可迫使对方失去足够击球时间，降低击球质量或导致失误。

【课后自我评价】

评价内容	等级				
能够理解并综合运用击球技术的核心要素（弧线、速度、旋转、力量、落点）	1	2	3	4	5
能够综合运用击球技术理论知识解决实际训练问题	1	2	3	4	5

第三节　步法移动的理论知识

在乒乓球运动中，步法移动是影响击球质量和比赛结果的关键。步法移动技术的核心包括三个环节：启动、移动和制动。通过力学分析优化这些环节，可以提高移动效率和击球稳定性，帮助运动员适应比赛节奏，提升击球准确性，为取得比赛优势奠定基础。

一、启动

人体从静止到快速移动的过程称为启动，其目的是获取移动速度。影响乒乓球步法启动速度的三个主要力学因素包括：启动方向上的稳定角的大小、支撑反作用力的大小以及蹬地角度的大小。

（一）在启动方向上稳定角的大小

稳定角是指支撑面的两个边缘上相应两点与运动员重心连线所形成的夹角。稳定角的大小影响运动员的稳定性和启动速度。稳定角越小，运动员的启动速度越快，因为这意味着重心更接近支撑面的边缘，减少了需要克服的稳定性阻力（图 1.3.1）。

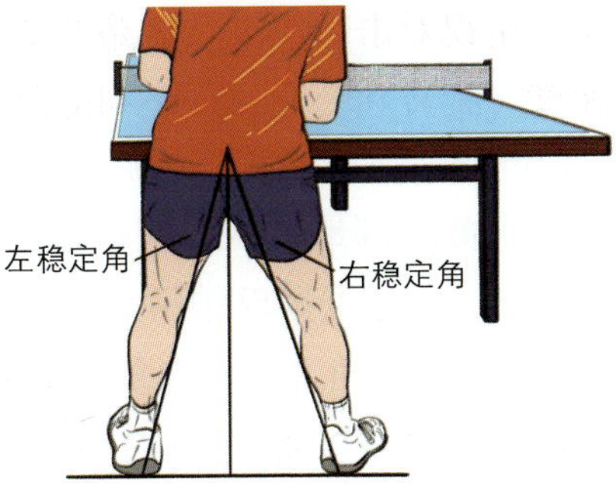

图1.3.1 稳定角

（二）支撑反作用力的大小

支撑反作用力是地面对运动员施加的力，它与运动员蹬地的力量成正比。更大的支撑反作用力可以提供更强的推动力，帮助运动员更快地启动。

（三）蹬地角度的大小

蹬地角度是指运动员脚部与地面之间的角度。合适的蹬地角度可以最大化蹬地的力量，从而提高启动速度。角度过大或过小都可能影响蹬地的效率（图1.3.2）。

通过优化这些因素，可以提高步法的灵活性和速度，从而在乒乓球比赛中获得优势。这通常涉及技术训练和身体条件的改善，如增强腿部肌肉力量、提高反应速度和调整身体姿势以减小稳定角。

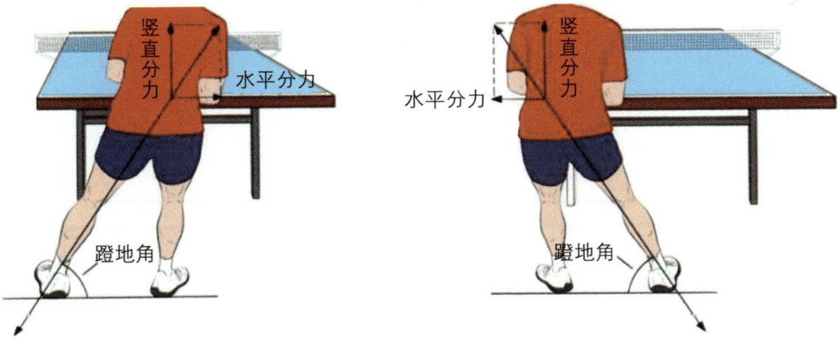

图1.3.2 蹬地角

二、移动

人体移动速度是由人体作用力施加于地面时，地面给予人体一个大小相等、方向相反且作用在同一直线上的反作用力相互作用而形成的。在乒乓球运动中，移动还需配合复杂的手部技术动作。

三、制动

物体从运动状态转变为静止状态的过程称为制动，这与启动过程相反。在制动过程中，运动员最后跨出的脚落地，从而获得地面提供的支撑反作用力。制动的快慢受两个因素的影响：一是支撑反作用力的大小，该力越大，制动越迅速；二是支撑反作用力与地面的夹角大小，夹角越小，制动效果越好。

【课后自我评价】

评价内容	等级				
能够理解步法移动各环节的定义及作用原理	1	2	3	4	5
能够根据比赛场景选择并应用合理的步法类型	1	2	3	4	5
能够通过步法移动优化击球位置，提升技战术执行效果	1	2	3	4	5

第四节　常规术语

乒乓球运动中，每一个术语都承载着严格且特定的含义。随着乒乓球技术的持续进步，这些常用术语也在不断演变和发展。

站位：运动员击球时，身体与球台的相对位置和距离叫作站位。根据运动员所站立的位置与球台端线之间的距离，可将站位划分为近台、中台、远台（图 1.4.1）。

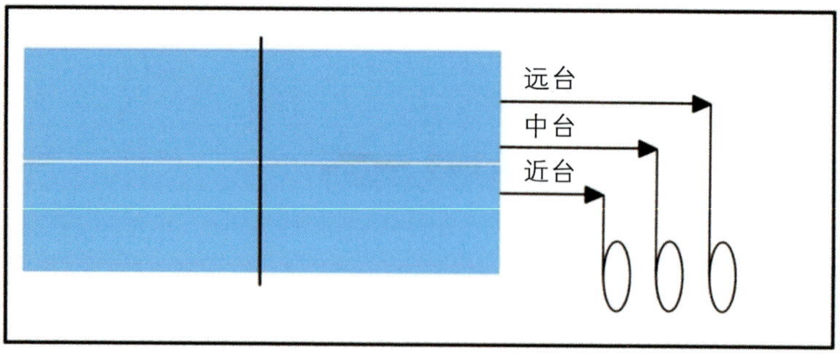

图 1.4.1　三种基本站位

选位：在乒乓球训练与比赛中，运动员击球时所处的特定位置被称为选位，主要包括正手位、反手位和侧身位（图 1.4.2）。

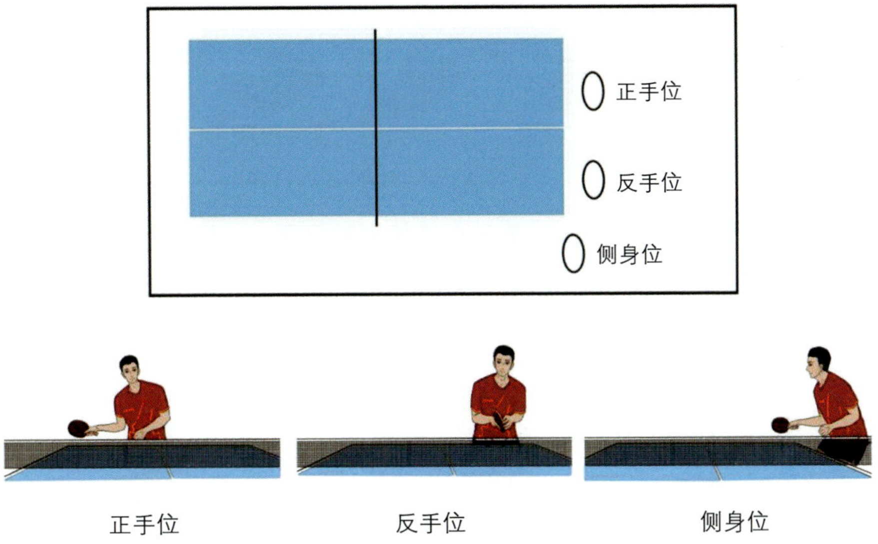

图 1.4.2　三种基本选位

击球时间：指对方击球后，球在己方台面上反弹，从球的触台点开始上升，到达最高点后开始下落，直至接触地面的整个过程，可划分为上升期、高点期和下降期（图 1.4.3）。

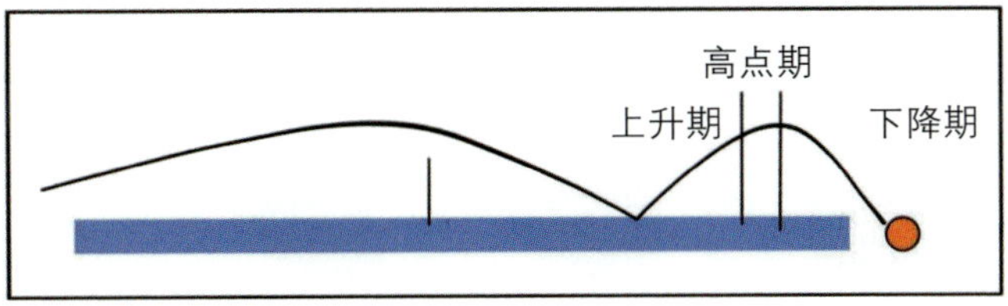

图 1.4.3　球反弹后的三个击球时期

击球点：指击球瞬间，球拍与球在空间接触的那一点与击球者所处的相对位置（图1.4.4）。

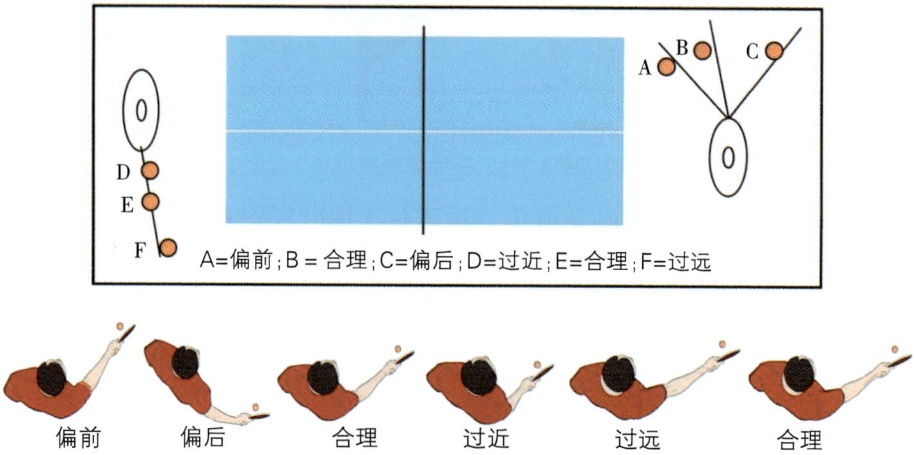

图1.4.4　正手攻球技术动作中不同击球点

击球部位：指触球瞬间，球拍击在球体上的位置。一般以钟表的圆盘刻度将球的击球部位划分为五个：上部、中上部、中部、中下部、下部（图1.4.5）。

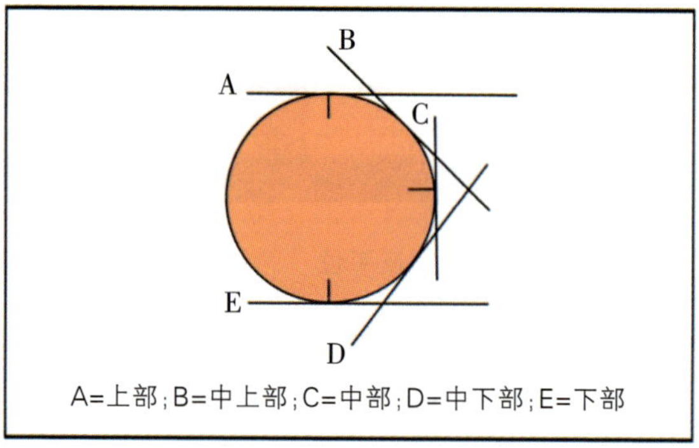

图1.4.5　球拍击球部位

拍面角度：指击球时，击球拍面与水平面形成的夹角。按其击球部位的不同可分为后仰、略后仰、垂直、略前倾、前倾（图1.4.6）。

图1.4.6　拍面角度

拍面方向：指击球时，击球拍面所朝向的方位（图1.4.7）。

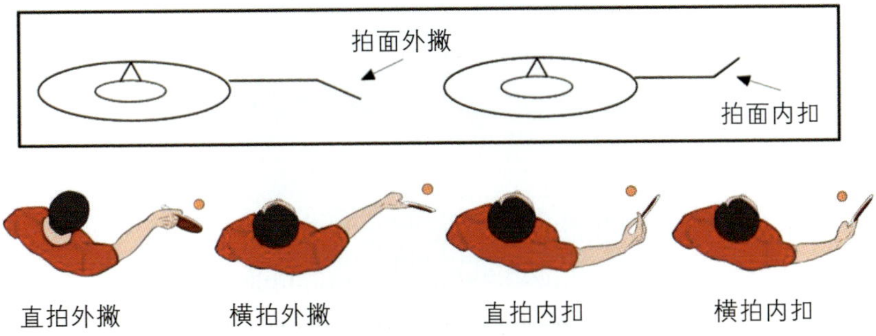

图1.4.7　拍面方向（俯视）

近网球：指落点在近网区内（近网区指距球网40厘米以内的区域）的球（图1.4.8）。

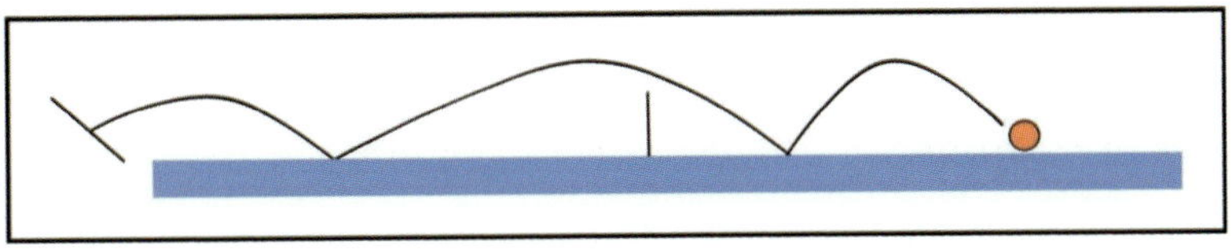

图1.4.8　近网球

半出台球：指第二落点在球台底线外缘附近的球（图1.4.9）。

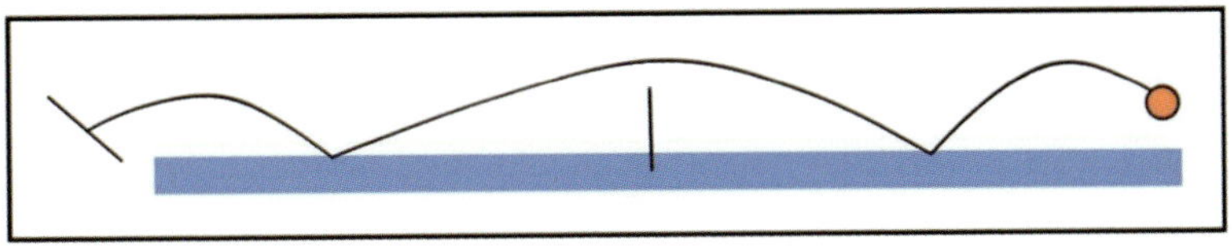

图1.4.9　半出台球

底线球：指落点在台面端线区内的球，端线区域指端线10厘米以内的区域（图1.4.10）。

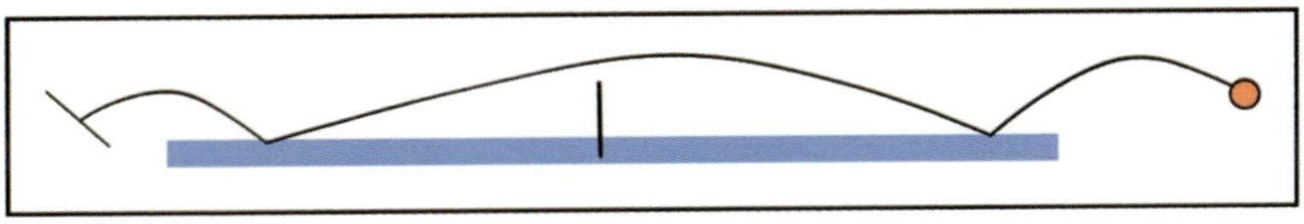

图1.4.10　底线球

追身球：指落点在空间位置迫近回球者身体而造成回球者回击困难的球。

小三角区域：指球台近网的两个边线附近的区域（图1.4.11）。

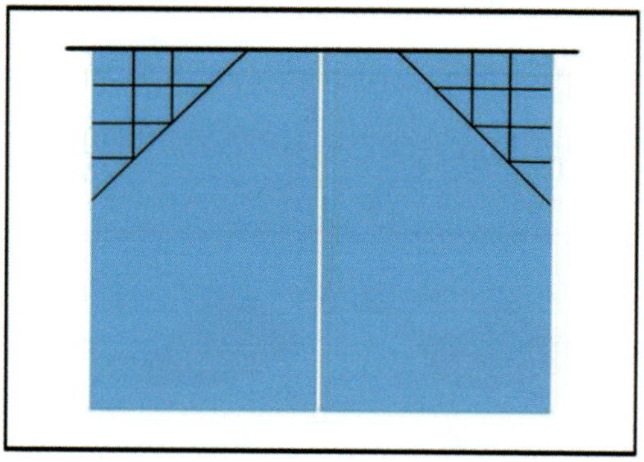

图 1.4.11　小三角区域

前三板：指发球、接发球和发球抢攻双方加起来的前三板击球。

击球节奏：指在击球时，由于击球时间、发力大小、摩擦薄厚等因素而形成的击球速度快慢的不同。

【课后自我评价】

评价内容	等级				
能够理解并解释乒乓球常用术语	1	2	3	4	5
能够掌握并应用乒乓球常用术语	1	2	3	4	5

第二章

乒乓球基本技术动作

■导 引 乒乓球基本技术动作构成其运动基础，涵盖准备姿势、握拍技术、单一技术、步法技术、其他综合技术等。

■学习目标 掌握乒乓球技术动作体系内容要领及要点。

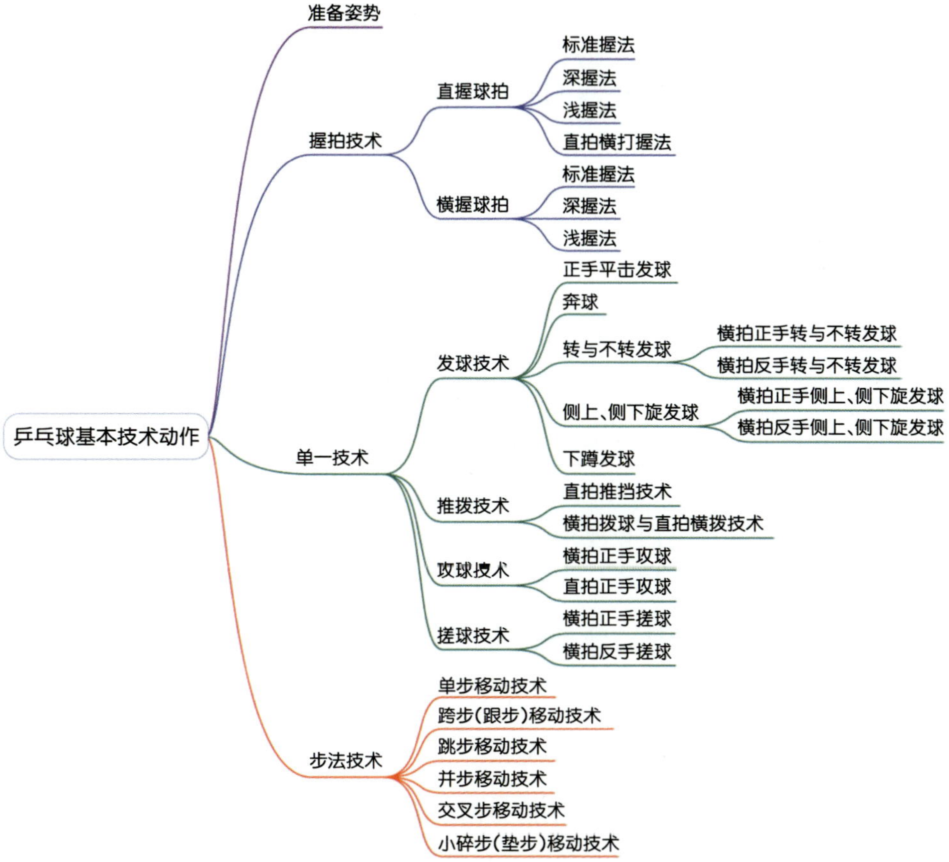

第一节　准备姿势

运动员双脚左右开立，略宽于肩，重心在两腿间；双膝微屈，保持弹性，上体微前倾，重心稍前，便于快速移动。视线集中于来球，预判轨迹，持拍手自然弯曲，置于身体右前方，手腕放松，非持拍手置于体侧，保持平衡（图2.1.1）。

正面　　侧面　　背面

图2.1.1　准备姿势

第二节　握拍技术

乒乓球握拍方式分为横握与直握两种。在每种握法下，又衍生出多种具体方法。握拍方式与击球动作质量紧密相关，错误的握拍往往是击球失误的根源。正确的握拍需满足四点要求：确保击球的准确性与合理性，便于身体协调发力，便于正反手技术切换，便于发挥个人技术优势及战术运用。学习乒乓球时，应重视握拍的正确性，避免随意握拍，以免影响技术的掌握。

一、直握球拍方法

（一）直握球拍的三种方法

在直握球拍的姿势中，右手持拍时，食指第三指关节内侧应贴靠拍柄右侧，而拇指和食指的第二指关节需压在球拍的右肩上。拇指的第一指关节自然弯曲并压在球拍左肩上，其余三指自然弯曲并斜形重叠，其中中指的第一指关节支撑在球拍背面的上1/3处。直握球拍主要分为三种方式：标准握法、深握法和浅握法。

（二）直握球拍分类

标准握法（图2.2.1）：拇指和食指适度握在拍肩两侧，保持平衡。

深握法（图2.2.2）：拇指和食指较深地握住拍肩两侧，提供更稳定的击球力量。

浅握法（图2.2.3）：拇指和食指较浅地握住拍肩两侧，便于快速变换击球角度。

每种握法都有其特点，运动员应根据个人习惯和战术需求选择最适合自己的握拍方式。

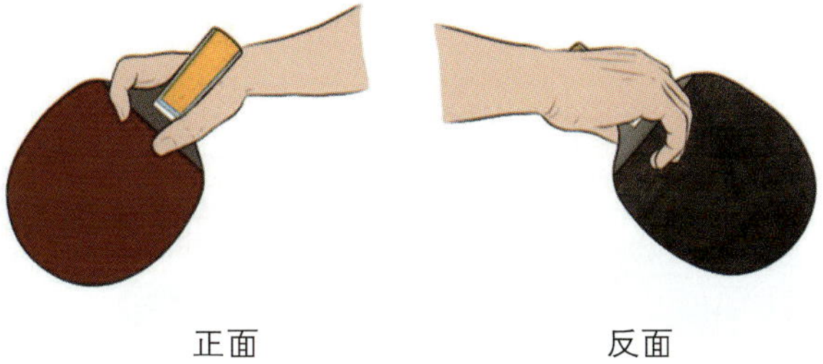

图2.2.1　直拍标准握法

图2.2.2　深握法

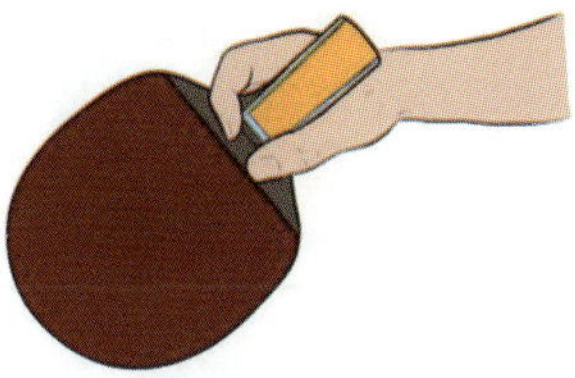

图2.2.3　浅握法

（三）直拍横打握拍法

直拍横打技术的演变与直拍握法的调整密切相关。具体而言，拇指在握拍时位置较直，而食指则握得较为松弛。与传统握法不同，中指、无名指和小指不再形成半环状，也不再用中指的第二、第三指关节顶住球板，而是改用中指和无名指的指尖部分来支撑球板。这种新的握拍方式更利于利用直拍的反面进行击球操作（图2.2.4）。

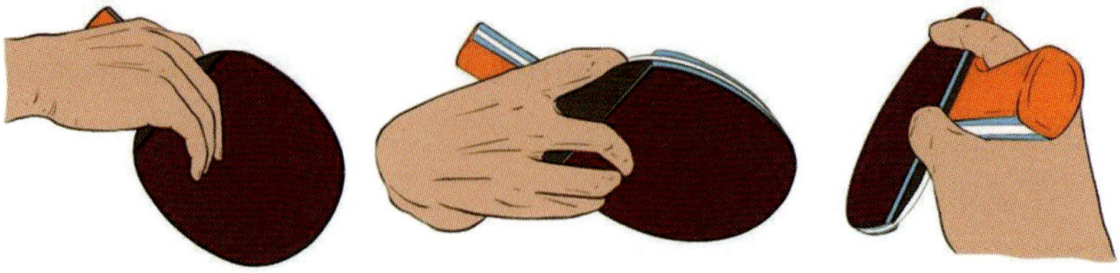

图 2.2.4　直拍横打握拍法

直握球拍的主要特点：手腕的灵活性较高，能够充分运用手腕动作，尤其在处理台内球时表现优异。

直握球拍的运用方法：正手攻球时，拇指与中指需协同发力以控制拍形，食指保持放松，中指指尖顶住拍背面，以确保持拍稳定并有效发力（图 2.2.5）。而在推挡动作中，食指和中指应协同控制拍形，拇指则相对放松（图 2.2.6）。

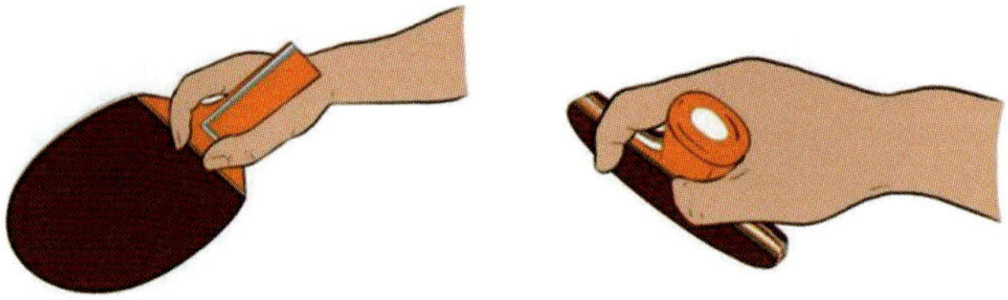

图 2.2.5　正手攻球时的握拍法

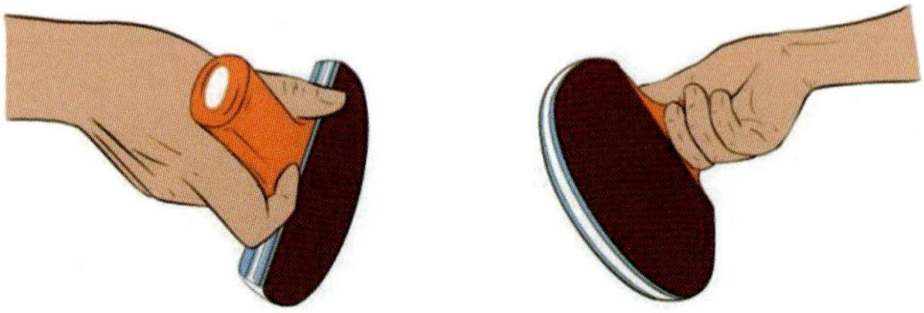

图 2.2.6　推挡时的拍形控制

二、横握球拍方法

（一）横握球拍的三种方法

横握球拍时，中指、无名指和小指握住拍柄，拇指轻贴中指旁，食指斜放反手面，虎口贴拍柄正侧面（图 2.2.7）。虎口紧贴为横拍深握法（图 2.2.8），虎口稍离为横拍浅握法（图 2.2.9）。

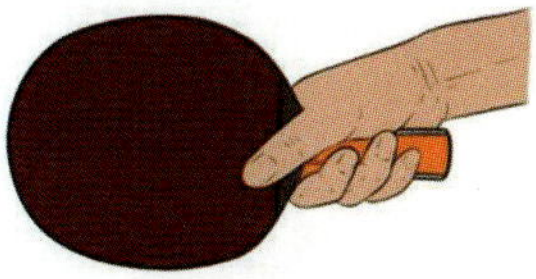

图2.2.7　标准握法

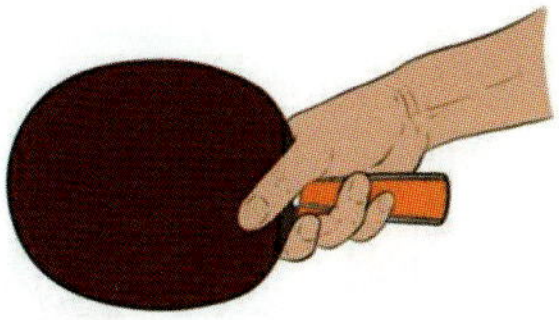

图2.2.8　深握法

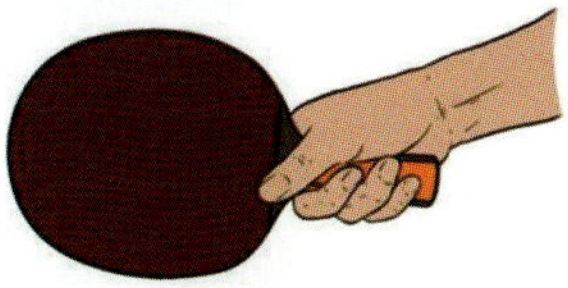

图2.2.9　浅握法

（二）横握球拍的特点

横握球拍的方法相对简单，动作容易固定，发力直接。然而，与直握相比，横握在灵活性上稍显不足。

深握法：易于固定拍形和发力，但手腕的灵活性受限。

浅握法：手腕更灵活，更适合处理台内球。

（三）横握球拍的运用方法

正手击球时，通常食指顶住拍背面，拇指与食指在虎口处夹住拍肩。反手击球时，通常拇指顶住拍面，拇指与食指在虎口处夹住拍肩。

【课后自我评价】

评价内容	等级				
能够正确完成握拍动作	1	2	3	4	5
能够无须视觉辅助即可准确执行握拍动作	1	2	3	4	5
能够根据不同情况完成相应的握拍姿势	1	2	3	4	5
能够正反手握拍灵活转换	1	2	3	4	5

第三节　单一技术

乒乓球的单一技术指独立的技术动作，是组合技术的基础。单一技术的水平直接影响组合技术的质量。主要的单一技术有：发球、搓球、推拨、攻球、挑打、弧圈球、削球和放高球技术。本章重点讲解发球、推拨、攻球和搓球。

一、发球技术

发球技术是乒乓球竞赛中唯一不受对方限制的技术。技术的主动性较强，是竞赛中创造得分的主要技术。

（一）正手平击发球

图2.3.1　正手平击发球

1.技术要领

站位：身体距球台约40厘米，双脚开立，略宽于肩。

引拍：发球抛球时，向后上方引拍，球拍拍面略前倾。

挥拍击球：球拍向前下方挥动，击球的中部偏上。

还原：击球后迅速还原。

2.动作要点

抛球与引拍需精准把握时机，击球时挥拍应稍向前压，力度需适中，不宜过大。

（二）奔球（以直拍反手奔球为例）

图2.3.2　直拍反手奔球

1.技术要领

站位：靠近近台，考虑好发球线路。

引拍：抛球的同时，球拍向后方引，并带动腰向左侧转动，拍面与地面垂直，手腕适当放松，身体重心在右脚上。

挥拍击球：球拍向前挥动并加速，触球瞬间变化发球线路的球拍角度，充分运用手腕力量，击球点要比较低，以降低弧线，尽量使第一落点靠近本方球台底线，以便发出长球。

还原：挥拍时调整身体的重心和姿势，注意还原。

2. 动作要点

击球点比较低，挥拍时调整身体重心和姿势，注意还原。

（三）转与不转发球

1. 横拍正手转与不转发球

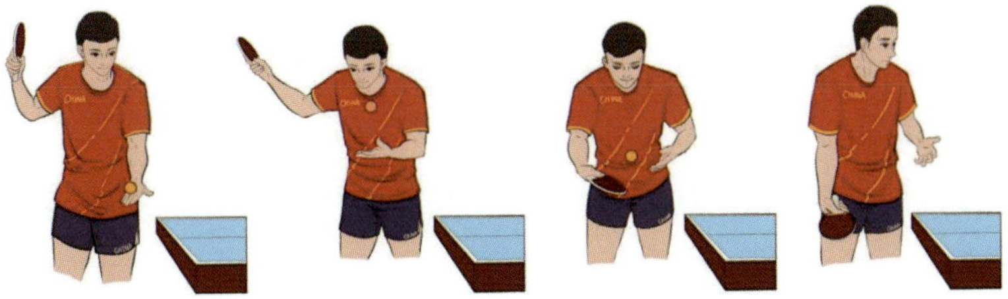

图2.3.3　横拍正手转与不转发球

（1）技术要领

站位：身体离球台约15厘米，重心稍低，双膝微屈。

引拍：当球抛起后，持拍手向后上方引拍，拍面适当后仰，手腕、手臂适当放松，以便发力。

挥拍击球：当球下降到适当位置（击球点高，发球弧线会高；击球点低，球可能不过网），持拍手迅速用力由后上向前下挥拍。击球后，转与不转的发球动作要相似。

还原：发球后要控制动作幅度，并注意还原。

（2）动作要点

发下旋（转球）时，用球拍的下半部去摩擦球的中下部，触球瞬间，拇指、食指和手腕加强用力，做下旋的摩擦动作。

发不转球时，用球拍的中上部去摩擦球的中下部，触球瞬间加速，注意体会球拍“吃不住球”的感觉。

2. 横拍反手转与不转发球

图2.3.4　横拍反手转与不转发球

（1）技术要领

站位：靠近球台，稍蹲，持拍手侧肩部略低。

引拍：抛球时，持拍手向后上方拉动，球拍稍后仰，同时身体适度向左侧旋转，以便发力。

挥拍击球：球拍向前下方挥动，精确控制拍面角度，确保动作的流畅性和一致性。击球时，手腕要发力。

动作还原：击球后，迅速恢复到准备状态。

（2）动作要点

发下旋球（旋转球）：使用球拍的前半部分摩擦球的中下部，通过手腕的旋转来发力。

发不转球：使用球拍的后半部分摩擦球的中下部，手腕和前臂应有向前推送球的动作。

（四）侧上、侧下旋发球

1.横拍正手侧上、侧下旋发球

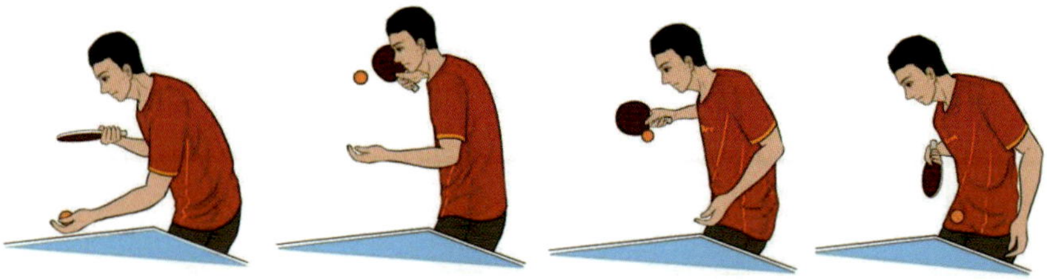

图2.3.5　横拍正手侧上旋发球

图2.3.6　横拍正手侧下旋发球

（1）技术要领

站位：左脚置于前方，右脚置于后方，身体侧对球台，同时降低身体重心。

引拍：随着持球手抛球，持拍手向后上方引拍，身体向后转动，球拍保持微后仰状态。

挥拍击球：在准备挥拍前，持拍手腕应适当外展，随后球拍向前下方挥动。当发上旋球时，拍面应向后仰并逐渐变为稍立状态。触球瞬间，手腕需向横侧方用力并微勾手腕，以增强上旋效果。当发下旋球时，拍面保持稍后仰，用球拍的中下部去摩擦球的中下部，此时主要依靠手腕和手指发力。

还原：随挥动作应保持适度，以便快速完成还原动作。

（2）动作要点

引拍要充分，以利用身体转动的力量。发侧下旋球时，球拍稍后仰，摩擦球的内侧下部。发侧上旋球时，球拍稍直立，摩擦球的中侧内部。触球时，动作应保持一致，发力要集中。

2.横拍反手侧上、侧下旋发球

图2.3.7　横拍反手侧上、侧下旋发球

（1）技术要领

站位：双脚平行或右脚稍前。

引拍：抛球时，用肘部的上提来引拍，并引向身后，球拍横立，手腕内收。

挥拍击球：挥拍击球时，以肘部带动前臂向身体侧前方挥动，手腕突然加力外展，使球拍有效摩擦球体，同时身体向前压。在发侧下旋球时，球拍应稍后仰，尽量向前下方挥动，在球拍转向侧上方前的瞬间，摩擦球的中下外侧。发侧上旋球时，球拍稍立起，尽量向侧方挥动，在球拍由前下方挥动转向侧上方的瞬间，摩擦球的中部外侧。

还原：结束动作要尽量缩短。

（2）动作要点

在发侧下旋球时，击球点应在球拍从向前下方挥动转为横侧方之前。而在发侧上旋球时，击球点应在球拍完成向横侧方挥动之后。两种动作的击球点应尽可能靠近。

（五）下蹲发球

图2.3.8　下蹲发球

1.技术要领

站位：位于球台左侧，抛球下蹲。

引拍：球拍向持拍手同侧肩部上方引拍，动作轨迹呈半弧形，球拍稍向后仰。

挥拍击球：当球下降至头上方时，挥拍击球。可以利用球拍内侧摩擦球的外侧中上部或外侧中下部，或者用球拍的外侧摩擦球的内侧中下部。

还原：发球后迅速还原。

2.动作要点

发侧下旋球时，击球点应位于球拍向前下方挥动并转向内侧方变化之后。发侧上旋球时，击球点应位于球拍向横侧方变化之前。两种发球动作的击球点应尽可能接近，以保持动作的连贯性和隐蔽性。

二、推拨技术

（一）直拍推挡技术

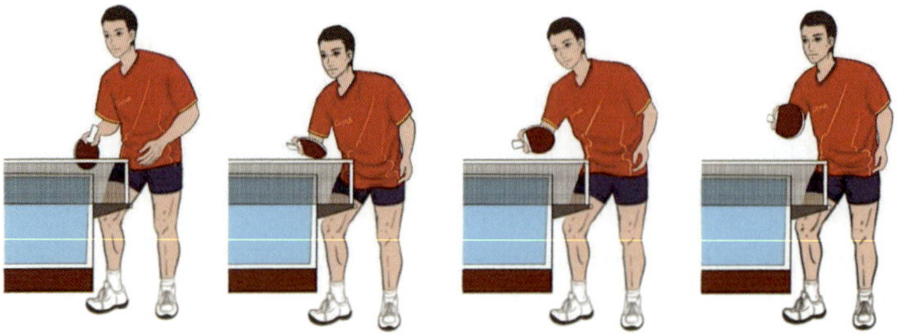

图2.3.9　直拍推挡

1.技术要领

站位：依据来球轨迹，确定适宜站位，左脚微向前。

引拍：以肩关节为轴心，屈肘后引，使肘关节接近胸腹部。球拍微向前倾，右肩下沉，拍头指向斜下方。

挥拍击球：挥拍朝前方偏上方向，击打球体中上部。击球时，肘关节迅速伸直，以便手腕发力。

还原：动作迅速，距离短，还原速度快。

2.动作要点

肘关节应靠近胸腹部，以利于发力。手腕发力需精确。

（二）横拍拨球与直拍横拨技术

图2.3.10　横拍拨球

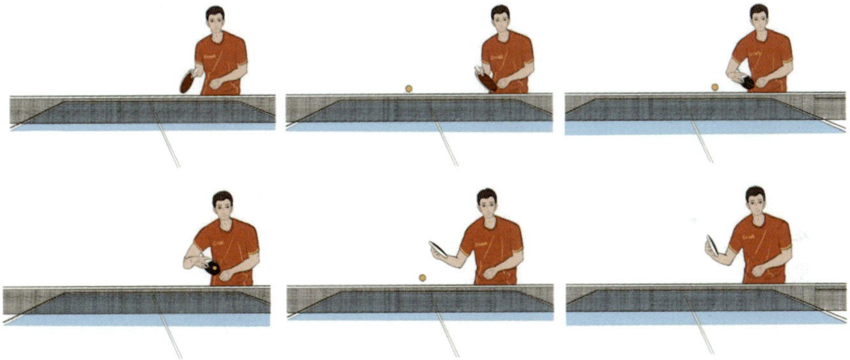

图2.3.11　直拍横拨

1.技术要领

站位：判断来球，选好站位。

引拍：球拍向后下方引动，肘关节微向前顶，手腕内收，右肩轻微下沉。

挥拍击球：以肘关节为旋转轴，球拍向前上方挥动，击打球体的中上部，于触球瞬间集中发力。

还原：随挥动作不宜过大，以便快速恢复准备状态。

2.动作要点

肘关节应稍抬起，手腕稍下垂，尤其在使用直拍时更要注意这种姿势，拇指需压住球拍以便展开拍面。击球时，主要运用前臂和手腕的力量，并略带弹击动作发力。

三、攻球技术

（一）横拍正手攻球

图2.3.12　横拍正手攻球

1.技术要领

站位：对来球进行判断并选择适宜的站位。

引拍：引拍过程中，身体重心移至右脚，球拍向后下方引动，保持球拍不低于球台水平。右肩随腰部转动而下沉，球拍略微前倾，食指略放松，中指、无名指适度用力顶住球拍。

挥拍击球：挥拍时向前上方发力，在球的高点前期击打球的中上部，同时身体重心从右脚转移到左脚。

还原：保持身体平衡，迅速恢复到准备状态。

2.动作要点

引拍动作应适度，重点在于腰部的转动，击球点应位于身体侧前方，主动迎击来球，确保击球的主动性。

（二）直拍正手攻球

1.技术要领

站位：根据来球轨迹，准确选择站位。

引拍：引拍时，身体重心向右移，球拍向后下方引动，避免低于球台面；右肩随腰部转动而下沉，球拍保持前倾姿态，拇指适度施力压住球拍，中指与无名指的前端顶住球拍以稳定拍面。

挥拍击球：挥拍动作应向前上方，于球的高点前期精准击打球体中上部，同时身体重心从右脚转移到左脚。

还原：迅速调整，恢复至初始准备状态。

2. 动作要点

引拍动作应适中，重点在于腰部的协调转动；击球点应定位于身体侧前方，以确保击球的准确性；主动迎击来球，保持进攻的主动性。

四、搓球技术

（一）横拍正手搓球

图 2.3.13　横拍正手搓球

1. 技术要领

站位：依据来球方向和速度，精准选择站位。

引拍：将球拍向后上方轻轻引动，使拍面稍向后仰。

挥拍击球：球拍向前下方挥动，利用球拍下半部摩擦球的中下部。触球瞬间，前臂与手腕适当增加力量。慢搓时，选择在球的下降期击球；快搓时，则选择在球的上升期击球。

还原：完成击球后的随挥动作应尽可能地短促，迅速恢复到准备状态。

2. 动作要点

利用来球的力量进行发力；身体前迎，协助手臂发力；触球时，手腕快速发力，提高摩擦效果。

（二）横拍反手搓球

图 2.3.14　横拍反手搓球

1.技术要领

站位：根据来球情况，精准选择站位。

引拍：球拍轻轻后引至腹部前方，手腕保持适当放松。

挥拍击球：挥拍过程中，拍面后仰，球拍向前下方搓球。击球时，主要用手腕发力，球拍接触球的中下部，拇指和食指稍加用力。慢搓应在球的下降期进行；快搓则在球的上升期进行。

还原：完成击球后的随挥动作应尽量短促，迅速恢复到准备状态。

2.动作要点

利用来球的力量进行有效发力；确保击球时摩擦力集中，以增强球的旋转和控制方向。

【课后自我评价】

评价内容	等级				
能够熟知发球、推拨、攻球和搓球技术的动作要领	1	2	3	4	5
能够正确完成发球、推拨、攻球和搓球的技术动作	1	2	3	4	5
能够准确运用发球、推拨、攻球和搓球的技术动作	1	2	3	4	5

第四节　步法技术

乒乓球步法是指运动员在乒乓球比赛中，为了快速、准确地移动到合适的位置击球，所采用的一系列脚步移动方法。在乒乓球运动中，步法是击球环节的关键要素。运动员若拥有出色的步法，便能确保自己处于理想的击球位置，进而让击球的速度、力量和旋转得以充分发挥，显著提升击球质量。按照合理的击球技术要求，每当来球落点改变，运动员都需要运用相应的移动步法来调整击球位置。在训练过程中，运动员需要培养“以脚代手”的习惯。若手快脚慢，导致击球不到位，必然会影响击球质量。

步法技术涵盖以下几种：单步移动技术、跨步移动技术、并步移动技术、交叉步移动技术和小碎步移动技术。

一、单步移动技术

图2.4.1　单步移动技术

（一）技术要领

启动：以一脚前脚掌内侧为发力点，用力蹬地，并以此脚掌为轴进行轻微转动。

移动：另一只脚根据需要向左、右、前、后不同方向进行移动。

支撑与还原：移动到位后，身体重心随即转移到摆动脚上，同时挥臂击球；注意迅速还原到准备状态。

（二）动作要点

移动时，需确保身体重心向击球方向有效移动；击球完成后，利用移动脚的前脚掌内侧蹬地，以便身体快速还原。

二、跨步（跟步）移动技术

（一）技术要领

启动：使用对侧脚的前脚掌内侧发力，向球的方向推进。

移动：当一只脚向球的前、后、左、右方向迈出一大步时，另一只脚迅速跟随半步，随后挥拍击球，保持身体重心平稳。

支撑与还原：移动脚触地时应立即停止，击球后迅速回到准备状态。

（二）动作要点

向击球方向移动时，步幅不宜过大；一脚移动时，另一脚需及时跟进；击球后，注意使用移动脚的前脚掌内侧发力，以便身体迅速回到准备位置。

三、跳步移动技术

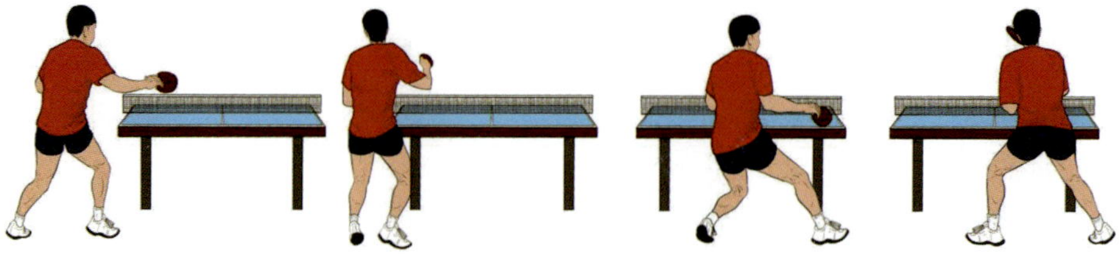

图2.4.2　跳步移动技术

（一）技术要领

启动：异侧脚的前脚掌内侧发力，以推动身体向球的方向。

移动：双脚协同离地，根据来球方向向左、右、前、后进行移动。

支撑与还原：先着地的脚是之前蹬地的那只脚，移动到位后，重心转移到持拍手同侧的脚上，此时挥臂击球，同时注意迅速恢复准备状态。

（二）动作要点

在移动过程中，应保持身体重心的稳定；击球的最佳时机是持拍手同侧脚触地瞬间。

四、并步移动技术

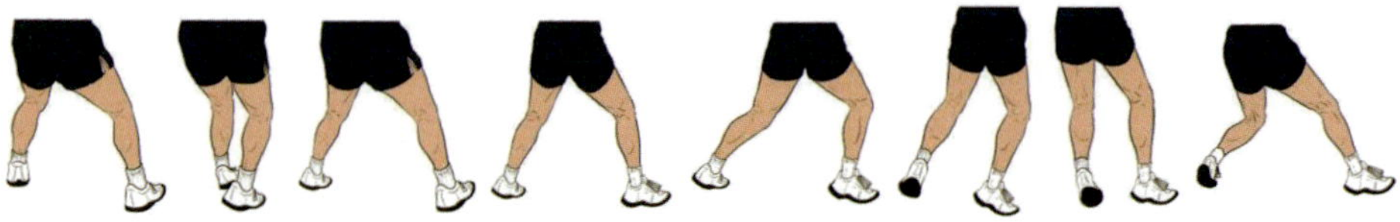

图2.4.3　并步移动技术

（一）技术要领

启动：使用来球方向对侧脚的前脚掌内侧蹬地发力。

移动：在发力脚向另一只脚靠拢的同时，另一只脚根据来球方向向前、后、左、右跨出一步，保持身体重心稳定。

支撑与还原：持拍手同侧脚落地时挥拍击球，落地即制动，击球后迅速恢复初始姿势。

（二）动作要点

向击球方向移动时，步幅要适中，避免过大；击球后，利用移动脚的前脚掌内侧蹬地，以便身体快速回到准备状态。

五、交叉步移动技术

图2.4.4　交叉步移动技术

（一）技术要领

启动：来球方向的对侧脚前脚掌内侧蹬地，推动身体重心向来球方向移动，并转换为同侧脚蹬地；同时，身体向移动方向转动。

移动：来球方向的对侧脚从另一只脚前跨过，在落地时挥拍击球。

支撑与还原：来球方向的对侧脚交叉落地后，另一只脚迅速移至外侧支撑制动，并迅速还原。

（二）动作要点

前交叉步的时机应与击球时机紧密配合，确保动作的连贯性。击球之后，支撑脚需迅速移动，以便身体能够快速地还原到准备状态，为下一次击球做好准备。

六、小碎步（垫步）移动技术

（一）技术要领

启动：双脚前脚掌内侧同时用力蹬地。

移动：双脚保持贴近地面，在尽量减少身体重心起伏的情况下，向左、右、前、后方向移动。

技术衔接：依据来球的具体情况，适时调整击球位置，并且能够与不同的步法技巧相结合。

（二）动作要点

根据来球的速度和落点，决定是否采用小碎步调整位置。

在移动中注意调整身体重心，以保持平衡和灵活性。

课后自我评价

评价内容	等级				
能够掌握各项移动步法	1	2	3	4	5
能够根据来球决定使用各项步法	1	2	3	4	5
能够将步法与击球动作完美配合	1	2	3	4	5

第三章

乒乓球比赛战术

■导　　引　乒乓球比赛战术是指运动员在比赛中根据对手的技术特点、比赛形势等因素制定的比赛策略。合理的战术运用能够充分发挥运动员的特长，限制对手的发挥，从而取得比赛的胜利。常见的乒乓球比赛战术包括发球抢攻战术、接发球战术、相持战术等。

■学习目标　在整体上对比赛战术有较为全面的认识和掌握，从而提高战术运用能力。

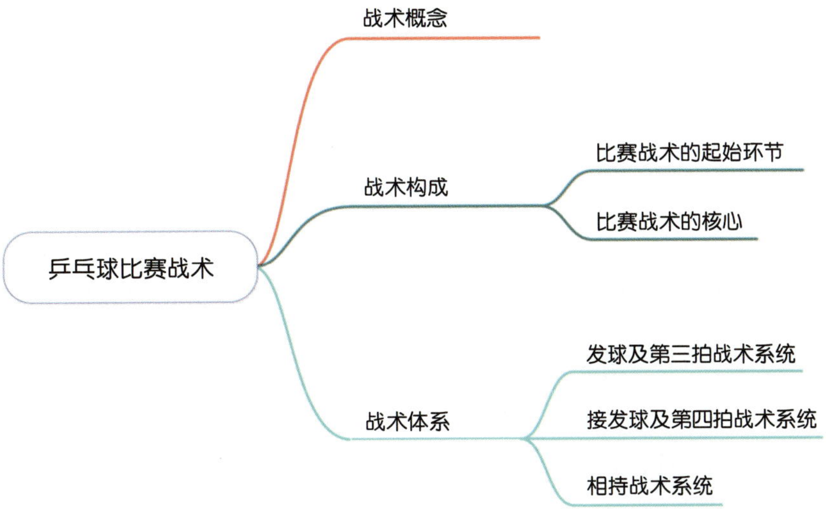

第一节　战术概念

乒乓球战术是指乒乓球运动员在比赛中，根据自己和对方的具体情况、比赛规律以及临场变化，正确而有意识地运用所掌握的各种技术，充分发挥自己的特点，限制对方的长处，紧紧抓住对方的弱点，为战胜对方而采取的合理有效的方法、计谋和行动，其核心是争取局部优势。

按竞技能力主导因素分类，乒乓球是技能主导的隔网对抗项目，以基础技术为核心、战术运用为关键。运动员通过战术组合形成独特风格，在比赛中合理运用战术来展示比赛实力。

第二节　战术构成

乒乓球战术涵盖落点、旋转、速度、力量、节奏、线路及技术的多样化变化，旨在精准攻击对方或制约其表现。战术本质上是两个或多个技术动作的连续组合应用（图3.2.1）。

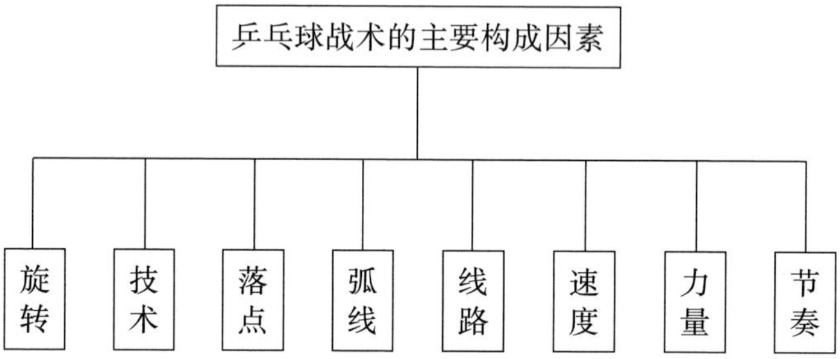

图 3.2.1　乒乓球战术的主要构成因素

一、发球与接发球：比赛战术的起始环节

发球是发球方战术执行的开端。运动员可通过不同类型的发球，如不同旋转、落点、速度和节奏的球，与后续战术动作配合，以达到战胜对方的目的。发球因其主动性、进攻性和隐蔽性，在乒乓球运动中非常重要。

接发球是接发球方战术的起点。其意义在于：一是破坏对方发球战术意图，二是为本方后续战术运用创造条件。随着规则的变化和技术体系的完善，接发球不再完全受对方发球限制，而是成为战术实施的关键起点。除了传统的接发球抢拉、挑打、劈长、摆短等技术，拧拉等台内技术的兴起，增强了接发球阶段的进攻性和侵略性，这些技术成为重要的得分手段。

二、控制与反控制：比赛战术的核心

与其他球类运动相比，乒乓球的特点在于高频率且快速地交替击球。比赛中，运动员需确保球落在对方台面的同时，使对方难以回击，形成控制与反控制的博弈，这决定了乒乓球战术的多变性和不确定性。

多变性：运动员执行战术时，每次击球需根据对方回球的落点、速度、力量、弧线、旋转等变化来调整战术。

不确定性：运动员在击球时常常同时组织和实施战术，重视临场发挥，因此战术具有较大的随机性。

第三节　战术体系

在乒乓球战术体系中，根据双方运动员交替击球的特性，战术体系可按击球顺序分为前三板阶段和相持阶段。同时，因发球与接发球的不同，战术体系分为发球轮和接发球轮两大轮次。因此，整个乒乓球战术体系可细分为三个系统：发球及第三拍战术系统，接发球及第四拍战术系统，相持阶段战术系统。这三个系统全面涵盖了乒乓球的战术内容。

一、发球及第三拍战术系统

发球及第三拍战术系统，亦即发球抢攻战术系统，是乒乓球战术中的关键组成部分。该系统包括发球和第三拍抢攻两个核心战术动作，目的是利用发球制造优势，为第三拍的积极进攻创造条件。

（一）发球战术

发球在乒乓球技术体系中是基础并特别关键的技术。作为非制约性技术，运动员发球时完全自主执行，不受外界干扰，具有高度自主性和战术价值。

旋转是乒乓球的显著特征，在发球中尤为重要。运动员通过手腕、手指动作及球拍接触角度和力度，使球产生丰富旋转。发球种类包括正手、反手、下

蹲、高抛等，旋转性质的有侧旋、逆旋、转与不转等。比赛中，运动员依据对方接发球特点和自身风格灵活选择旋转类型，如对手正手接发球弱，可多用侧旋；对手反手稳定，可尝试逆旋，打乱其节奏。

依据执拍手不同，结合站位，可将发球落点分为9个区域（图3.3.1）。经过细致分析，中间落点球可再分为中间偏反手和偏正手。精准的发球落点能限制对方接发球的选择，为第三拍抢攻创造机会。

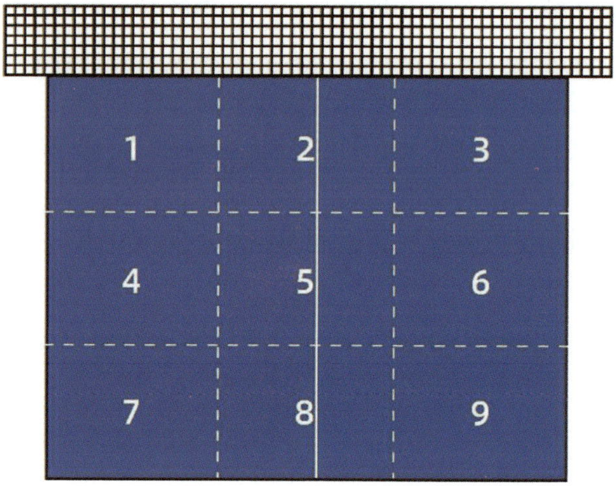

1：反手位短球；2：中间短球；3：正手位短球；4：反手位半长球 ；5：中间半长球；6：正手位半长球；7：反手位长球；8：中间长球；9：正手位长球。

图3.3.1　发球落点划分示意图

发球是发球方战术的起点，每场比赛约有50%的使用率，其效果直接影响战术的组织与发挥。发球的战术作用主要体现在直接得分和为下一拍进攻创造条件两个方面。对世界顶尖选手的技战术统计显示，在一些7局比赛中，发球直接得分超11分的情况比较常见，即仅靠发球就能赢下一局，凸显了发球的重要性以及主动性、进攻性的战术特点。

为提升发球效果，运动员应强化练习，增强发球的旋转和落点变化，提高动作的隐蔽性，并练习多套发球战术应对变化。随着规则的改革，如球、球拍、胶水、无遮挡发球等限制以及接发球技术的创新，发球效果和优势受到一定影响。运动员在无法通过发球直接得分时，需将发球作为创造进攻机会的手段，注重发球与第三拍抢攻的衔接，通过精准落点和适当的旋转变化，为后续进攻和主动相持创造条件，赢得比赛先机。

（二）发球、第三拍战术

发球与第三拍抢攻是乒乓球前三板的核心战术，旨在通过发球创造进攻机会，第三拍抢攻则巩固优势。此战术可直接得分或开启连续进攻，使比赛过渡到主动相持阶段，体现运动员的战术风格。

第三拍抢攻技术多样，包括正手、反手和侧身进攻，能应对各种球路和旋转，进攻线路和落点灵活。技术选择依据对方接发球情况：对方反手拧拉台内短球时，可正手挑打；对方正手封（拉）半出台球时，可抢拉长球；对方进攻上旋长球时，需调整战术。

发球与第三拍抢攻需形成完整套路，运动员应根据自身特点设计搭配。例如，发逆旋正手位短球后正手抢拉半出台球，发侧旋中间偏反手短球后反手拧拉对方正手大角，发反手急长球配合正手拉上旋球进攻对方正手。运动员需要结合自身技术构建有效的战术体系。

此外，后续击球受对方来球制约，第三拍需强化反控制能力，提升回球控制和变化的能力，抑制对手进攻，为下一拍创造机会，实现战术平衡。这体现了乒乓球比赛中攻防转换的复杂性和战术思维的深度。

1.发短球第三拍抢攻上旋球

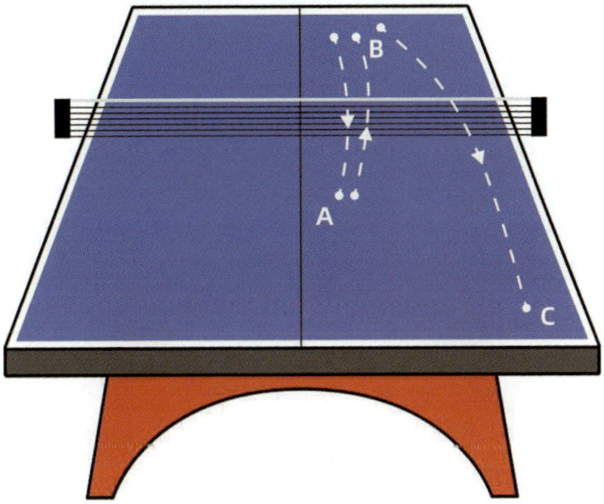

A：侧身位正手发球至对方正手位短球；B：对方正手挑打斜线；C：第三拍反手抢拉上旋球至直线空当。

图3.3.2　发正手短球后第三拍正手抢攻

2. 发短球第三拍抢攻上旋球

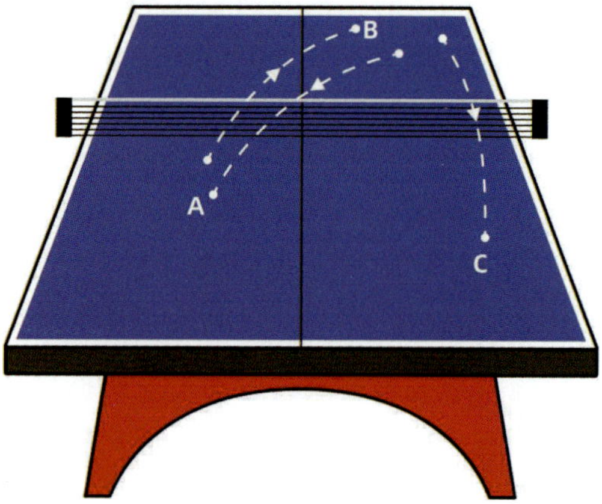

A：侧身位正手发逆旋球至对方反手位短球；B：对方接发球反手拧拉斜线；C：侧身拉直线至对手正手空当。

图3.3.3 发反手短球后第三拍侧身抢位

3. 发短球第三拍抢攻台内球

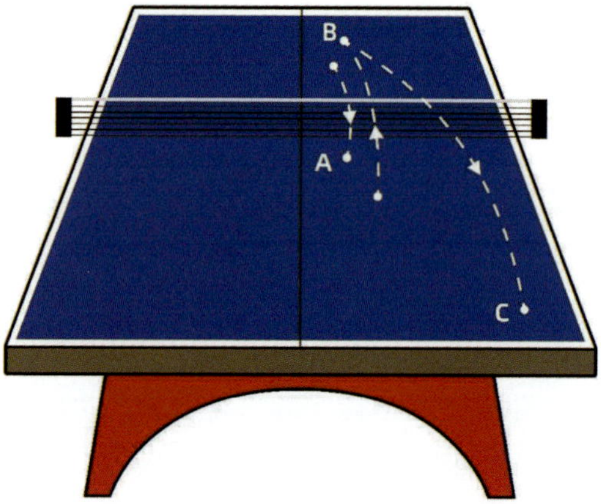

A：侧身位正手发侧旋球至对方中间偏正手；B：对方接发球正手摆短；C：第三拍台内反手拧拉抢攻至对方正手大角。

图3.3.4 发正手短球后第三拍台内反手拧拉

4. 发半出台球第三拍抢攻上旋球

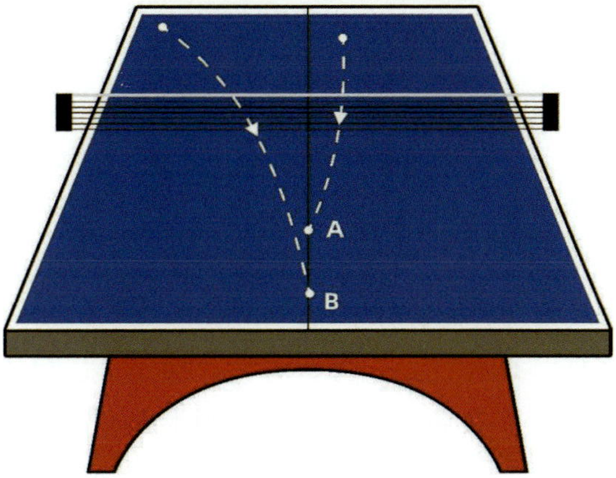

A：侧身位正手发球至对方中间偏正手位半出台；B：对方接发球正手上手，第三拍抢攻上旋球。

图3.3.5 发正手半出台球后第三拍正手抢攻

5. 发长球第三拍抢攻上旋球

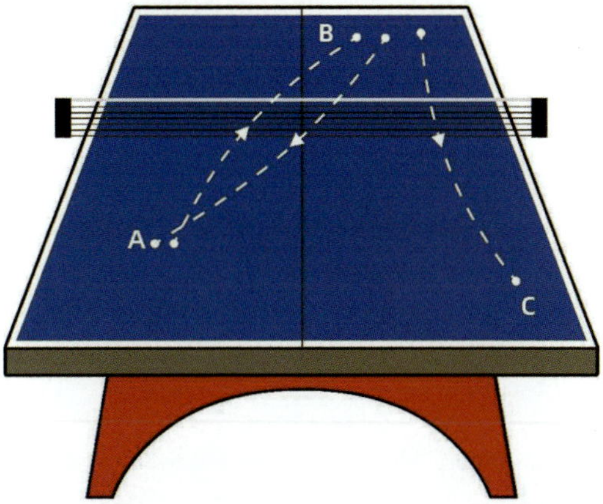

A：侧身位正手发急长球至对方反手位底线；B：对方接发球反手上手；C：第三拍侧身抢拉上旋球至对方正手位。

图3.3.6 发反手急长球后第三拍侧身抢攻

二、接发球及第四拍战术系统

接发球及第四拍战术系统，简称为“二、四拍战术系统”，是乒乓球前三板阶段的关键组成部分，同时在接发球轮中扮演着至关重要的角色。该系统涵盖接发球与第四拍衔接这两项核心战术手段。

（一）接发球战术

接发球是接发球方战术的开端，在比赛中使用率高达50%。传统观点认为，接发球因受对方发球限制而处于被动，但乒乓球运动的发展及规则改革推动了接发球技术的进步。反手拧拉和台内进攻技术的成熟，使接发球手段日益丰富。过去，人们认为发球轮得分率高于接发球轮得分率，但近年研究发现，在顶尖选手的比赛中，接发球轮得分率已超发球轮得分率，凸显其战术重要性，接发球成为有力的得分手段。

接发球手段多样，如拉冲、挑打、劈长、摆短等。台内拧拉和抢拉半出台技术发展迅速，使用率在高水平运动员之间不断提高。数据显示，超一流选手接发球上手进攻的使用率已达60%～70%，其战术主动性增强，成为先发动攻势的关键。

在高水平比赛中，发球方通过旋转和落点变化提升发球质量，常发短球、半长球，必要时发急长球，旋转多变。接发球时，需快速准确判断来球，建立主动意识，积极进攻，既争取直接得分，又作为连续进攻的起点，破坏对方战术。若来球旋转强，难以主动上手，可用控制球过渡，如摆短抑制对方抢攻，待下一拍寻找进攻机会。

1.接发球抢攻台内球

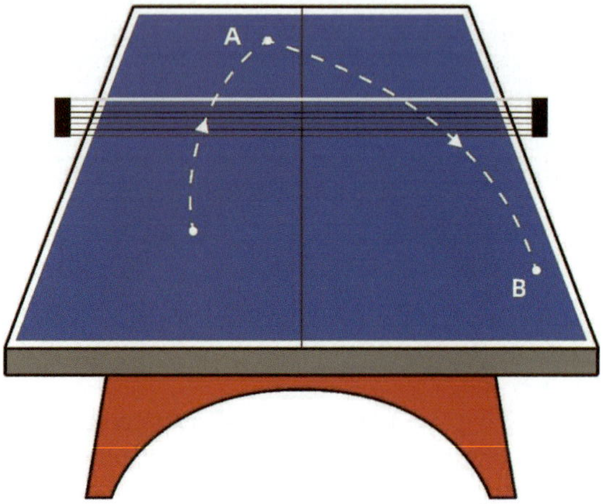

A：对方发球至中间偏正手位短球；B：迅速移动到反侧身位，反手拧拉台内球至对手正手位。

图3.3.7　接发球反手拧拉

2.接发球抢攻半出台球

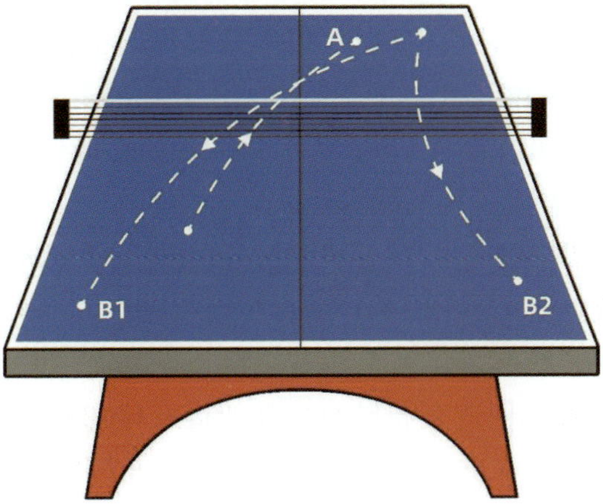

A：对方发球至中间偏反手位半出台球；B：判断来球落点后，迅速移动到侧身位，用加转弧圈球抢拉直线（B2）或斜线（B1）。

图3.3.8　接发球正手抢拉半出台球

3.接发球抢攻出台球

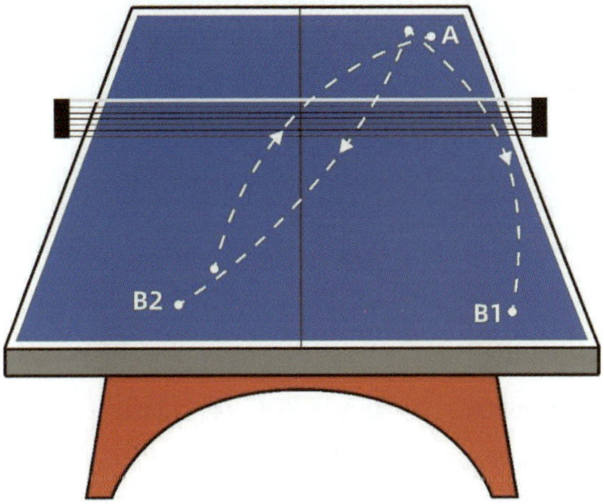

A：对方发急长球至反手底线；B：迅速判断，并调整站位，反手拉冲斜线（B2）或直线（B1）。

图3.3.9　接发球反手抢拉急长球

（二）接发球、第四拍战术

接发球及第四拍战术系统在乒乓球战术中占据核心地位，属于“前三板”关键部分。第四拍基于击球顺序定义，接发球方的第二板球即为第四拍。第四拍战术需与接发球因素紧密结合，作为接发球后的衔接战术。

随着接发球技术的提升，上手得分率显著提高，但单靠此板难以取胜，运动员需为第四拍做好准备，合理衔接接发球和第四拍，配合战术训练至关重要。数据显示，在近90%的比赛中，第四拍失分是最多的环节。若其他环节正常，一方接发球和第四拍战术合理，尤其第四拍处理得当、失分少，获胜机会就大。这是一项难度高且关键的战术环节。

在接发球与第四拍战术组合与衔接上，首先要与技术发展趋势一致，如反手拧拉技术普及后，接发球反手拧拉后反手连续进攻组合就比较常见。其次要与相持阶段战术紧密联系，确保连贯性，如正手抢拉半出台后侧身衔接变线，延续攻势并为相持阶段创造有利局面，又如接发球主动劈长后近台反拉或反撕，打乱对方节奏，争取战术选择空间。总之，战术组合要合理，衔接紧凑、流畅，以发挥最大的战术效能。

1.接发球反手发动第四拍衔接进攻

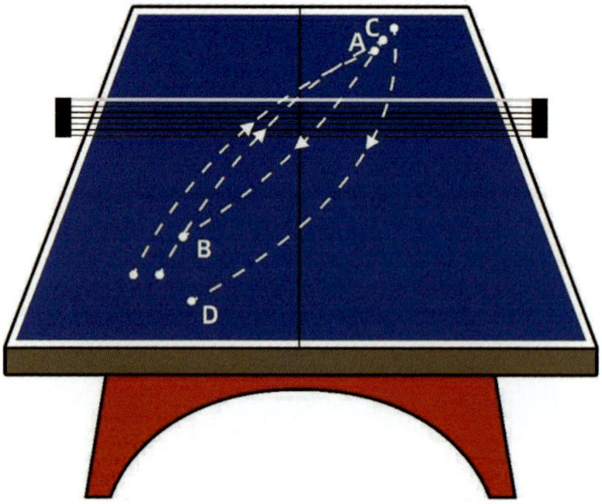

A：对方发球至反手位短球；B：接发球抢攻台内拧拉上手；C：对方防守至反手位后；D：反手拉衔接进攻。

图3.3.10　接发球拧拉后第四拍衔接进攻

2. 接发球抢攻半出台第四拍连续进攻

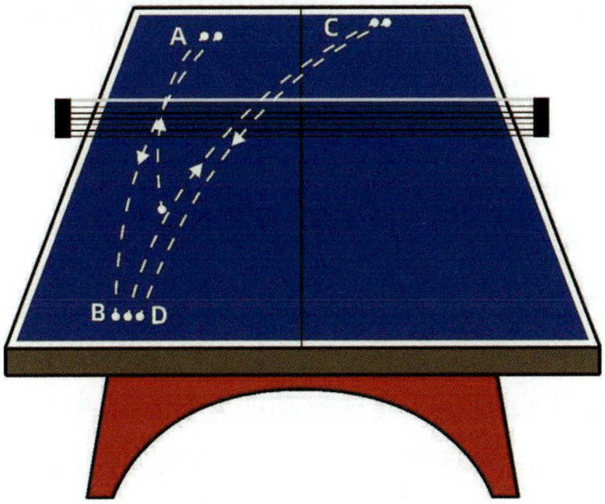

A：对方发球至中间偏正手位半出台球；B：接发球正手抢拉半出台球；C：第四拍侧身位衔接连续进攻；D：第四拍侧身位衔接连续进攻。

图 3.3.11　接发球拉半出台后第四拍衔接进攻

3. 接发球控制第四拍反拉

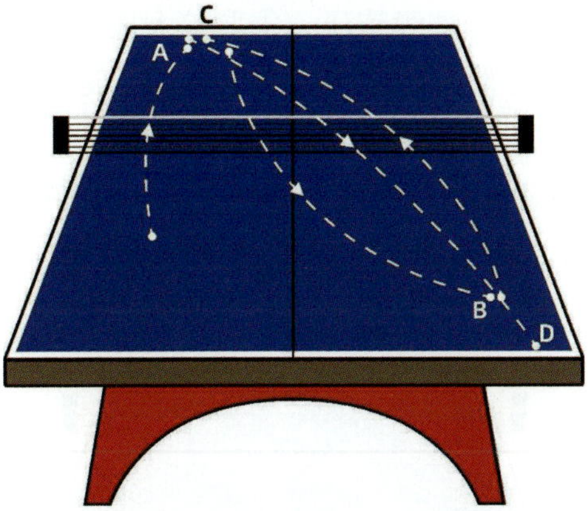

A：对方发球至中间偏正手位短球；B：接发球正手劈长到对方正手位底线长球；C：对方正手拉球进攻斜线；D：第四拍正手反拉。

图 3.3.12　接发球劈长后第四拍反拉

三、相持战术系统

相持阶段在乒乓球比赛中非常关键，涵盖“前三板”外的所有击球回合，即从第五拍开始。研究表明，前三板与相持阶段得分率相当，可见相持阶段是重要的得分战场。

进入相持阶段，回合数的增加对运动员提出更高要求：需精准控球，维持稳定的节奏和线路；需有充沛的体力来支撑高强度对抗；需敏锐判断来球的旋转、速度、落点；需深入战术思考，灵活应对对手变化；需有出色的临场应变能力，应对突发状况。因此，相持阶段战术系统是乒乓球战术体系的重要部分，对比赛结果至关重要。

（一）第五拍和第六拍球

第五拍和第六拍球在乒乓球比赛中具有独特地位，标志着相持阶段的开始，是双方选手相持阶段的首板球。这两拍球不仅衔接“前三板”战术，还起着承上启下的关键作用。随着乒乓球运动的发展，运动员技术水平提升，控球与攻防转换能力增强，主动意识强烈，争抢积极。现代比赛不再仅依赖前三板取胜，相持球使用率有所增加。第五、六拍是前三板向相持球过渡的关键，必须与第三、四拍紧密结合，形成紧凑、有效的战术体系。

1.第一、三、五拍的衔接

首先要将第一、三、五拍作为一个整体来组织战术，并且积极抢攻率先发动。若第三拍发球抢攻成功，第五拍要主动衔接，连续进攻，利用对方尚未完全调整好防守姿态的机会，继续施压，争取扩大优势。若第三拍被对方控制，不能上手，第五拍要注意防守或争取上手。此时，运动员要根据来球的旋转、速度和落点，灵活调整战术。如果发球被对方抢攻，第三拍的防守尤为关键，要尽量将球回到对方的不适击球区域，为第五拍伺机转换进攻创造条件。

第三拍强势反拉，第五拍发力衔接。

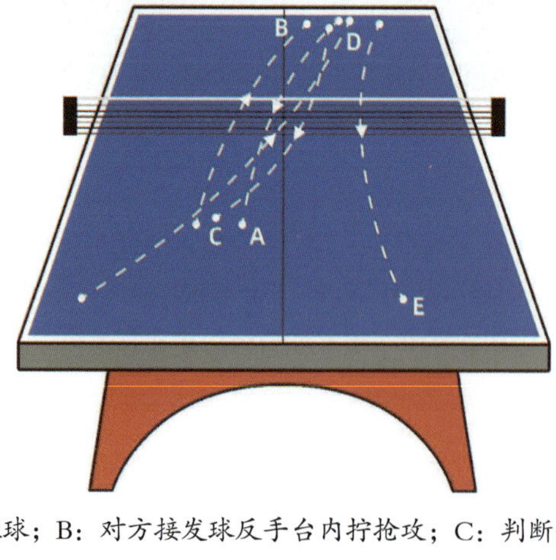

A：侧身位发中间短球；B：对方接发球反手台内拧抢攻；C：判断并迅速侧身，第三拍反拉斜线；D：对方第四拍侧身反拉；E：第五拍衔接进攻，发力拉冲对方直线正手。

图3.3.13　第三拍强势反拉，第五拍发力衔接

2.第二、四、六拍的衔接

第二、四、六拍需作为整体进行战术规划，强调先发动、先上手、先发力、先变化，确保衔接紧凑，提升进攻效率。接发球时可采用反手拧拉率先上手，随后在第四、六拍实施连续进攻。第四拍依对手回球调整战术，通过正反手连续进攻，力求在第六拍达成对拉或连续进攻效果。

还可以在接发球时先控制，第四拍上手后衔接第六拍。第四拍根据对手回球，运用正反手进攻技术争取上手，为第六拍衔接做铺垫。第六拍依据对手防守特点和自身技术优势，灵活调整战术，争取连续进攻或对拉。

此外，接发球搓半出台后，第四拍可反拉，第六拍形成对拉或连续进攻。

（二）主动相持战术

实战中，强强对抗和攻防转换是相持阶段战术的主要内容。在相持阶段的战术系统中，主动进攻战术的意图应从前三板开始建立。发球抢攻或接发球积极上手，第三、五拍和第四、六拍衔接紧凑，率先发动，连续进攻，加强质量，主动变化线路。

1.主动相持正手连续进攻

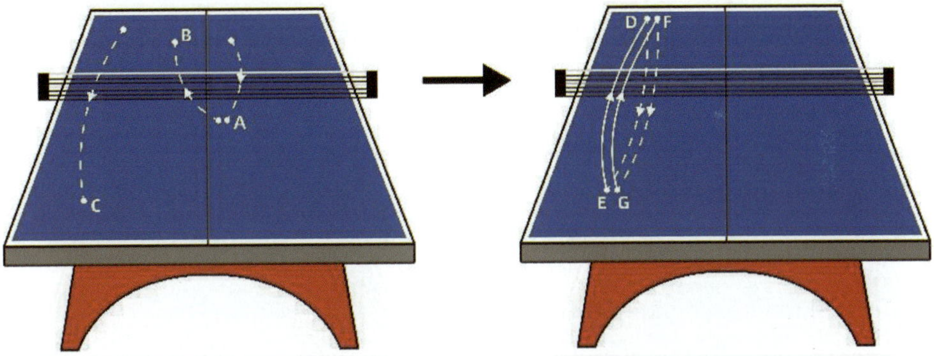

A：侧身位发中间短球；B：对方接发球侧身摆短；C：第三拍正手抢拉半出台；D：主动进行相持，正手连续进攻；E：主动进行相持，正手连续进攻；F：主动进行相持，正手连续进攻；G：主动进行相持，正手连续进攻。

图3.3.14　主动相持正手连续进攻

2.反手发动形成相持，主动侧身进攻

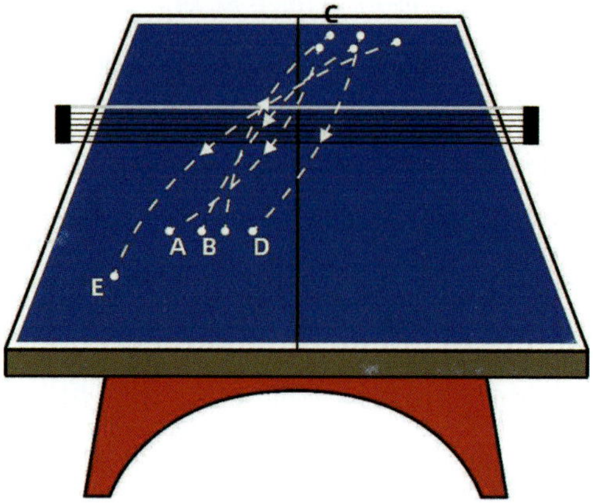

A：侧身位发反手短球；B：第三拍反手发动，抢先上手；C：反手连续进攻，形成相持；D：反手连续进攻，形成相持；E：看准时机迅速侧身，主动加力进攻。

图3.3.15　反手发动形成相持，主动侧身进攻

（三）均势相持战术

在均势相持阶段，攻防转换是战术实施的核心。攻防转换主要分为三种情况：主动转被动相持、对拉（均势）相持、被动转主动相持。

1.对拉（均势）相持

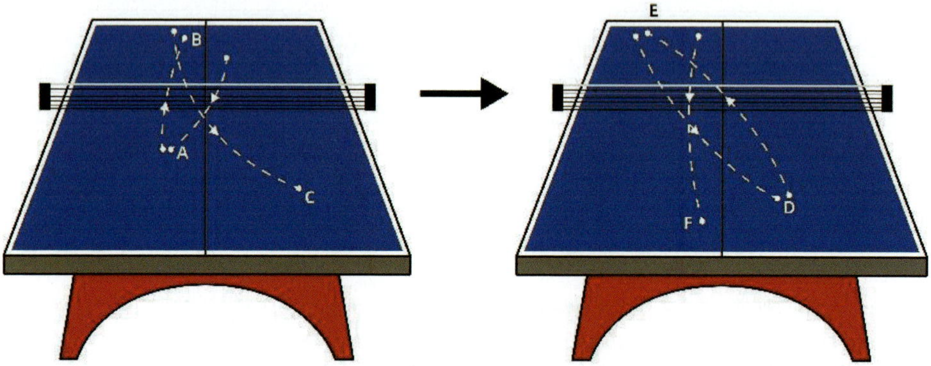

A：侧身位发对方反手位；B：对方接发球抢拉直线；C：第三拍正手上手，对方反拉；D：双方正手对拉，形成均势相持；E：双方正手对拉，形成均势相持；F：双方正手对拉，形成均势相持。

图3.3.16　正手对拉，均势相持

2.被动转主动相持

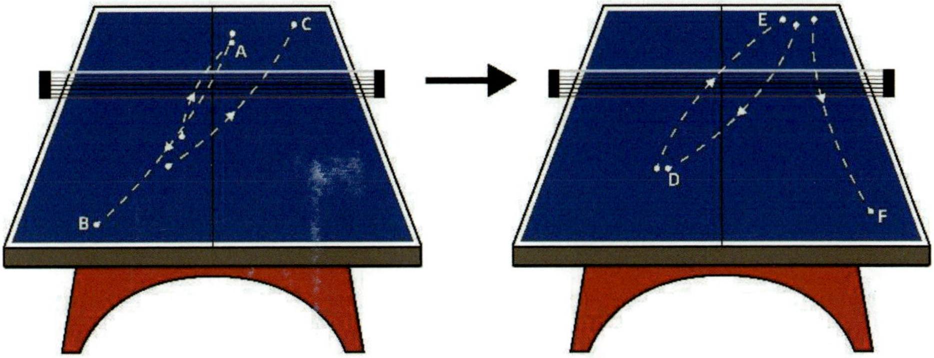

A：对方发球至中间反手位短球；B：接发球劈长至反手底线；C：对方侧身位拉冲连续进攻；D：反手防御，在被动相持中处理好过渡球；E：反手防御，在被动相持中处理好过渡球；F：抓住时机，迅速侧身反拉，转换进攻。

图3.3.17 被动相持，转换进攻

（四）被动相持战术

在相持阶段，被动相持意味着运动员处于防守态势。尽管如此，被动相持在实战中仍占一定比例，良好的防守也是一种能力。

如果在控制球或衔接环节处理不当，被对手抓住进攻机会，就会陷入被动相持。此时，运动员需通过积极跑动和稳定防守来应对。同时，应适时改变线路、落点和节奏，干扰对手进攻节奏，促使其失误。例如，突然改变击球线路，攻击对方空当或不适击球区，或在连续防守中突然放慢节奏，使球产生强烈下旋，降低对手回球质量，为自己创造反击机会。

（五）控制争抢战术

在相持战术系统中，除了通过“前三板”上手直接进入相持并形成攻防转换的情况外，还存在“前三板”以控制为主或通过多板控制，在第五拍之后才上手进攻的情形，这被称为控制争抢战术。

在控制争抢中，由于前几板球控制较为严密，首先要积极寻找上手机会，同时注意上手的命中率；其次要注意进攻的连续性，并做好进入均势相持的准备。在上手进攻后，要迅速调整战术，保持进攻的连续性，争取在均势相持中占据优势。

【课后自我评价】

评价内容	等级				
能够了解并掌握各项战术	1	2	3	4	5
能够准确完成各项战术	1	2	3	4	5
能够灵活运用各项战术	1	2	3	4	5
能够举一反三，形成具有自我风格的战术	1	2	3	4	5

第四章

乒乓球竞赛规则与裁判法

■导　　引　乒乓球比赛规则旨在确保比赛的公平，涵盖竞赛的基本概念、比赛的胜负机制、比赛的管理办法、双打裁判知识、团体比赛方式方法等相关内容，助力公平竞技，科学管理比赛，提升专业素养。

■学习目标　熟知比赛规则，具备独立执裁的能力。

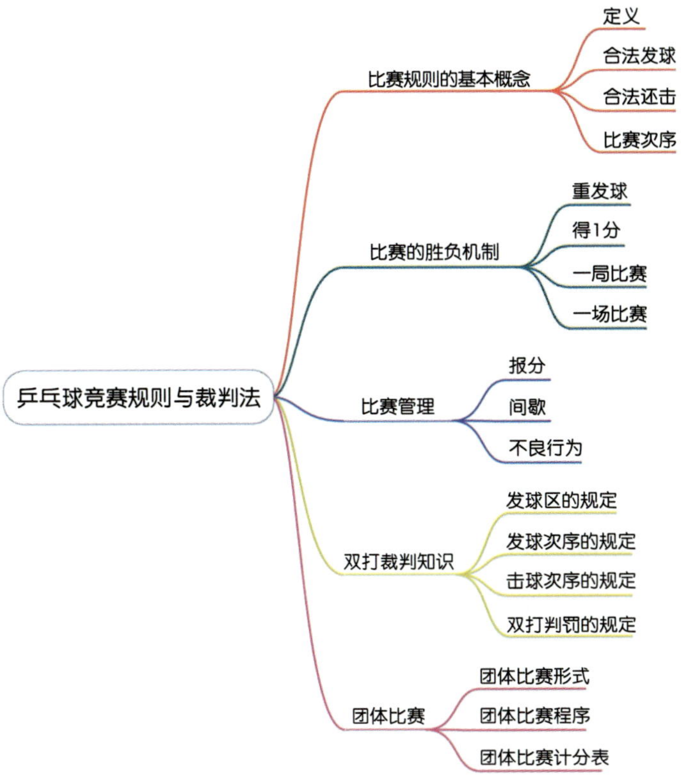

第一节 比赛规则的基本概念

一、定义

回合：球处于比赛状态的一段时间。

比赛状态：从球被抛起前静止状态的最后一瞬间起，球即处于比赛状态，直到这个回合被判为重发球或得1分时为止。

重发球：不予判分的回合。

1分：判分的回合。

执拍手：正握着球拍的手。

不执拍手：未握着球拍的手。

击球：用握在手中的球拍或执拍手手腕以下部位触球。

阻挡：对方击球后，在比赛台面上方或向比赛台面方向运动的球，在没有触及本方台区、也未越过端线之前即触及本方运动员或其穿戴（带）的任何物品。

发球员：在一个回合中，首先击球的运动员。

接发球员：在一个回合中，第二个击球的运动员。

裁判员：被指定管理一场比赛的人。

副裁判员：被指定在某些方面协助裁判员工作的人。

运动员“穿或戴（带）”的任何物品：包括他在一个回合开始时穿或戴（带）的任何物品，但不包括比赛用球。

“越过或绕过”球网装置：除球从球网和比赛台面之间通过以及从球网和网架之间通过的情况外，球均应视为已“越过或绕过”球网装置。

球台的“端线”：包括端线两端的无限延长线。

二、合法发球

发球开始时，球自然地置于不执拍手的手掌上，手掌张开，保持静止（图4.1.1、图4.1.2）。

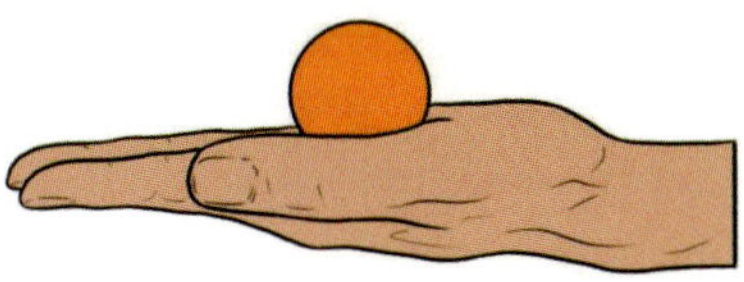

图4.1.1　合法发球

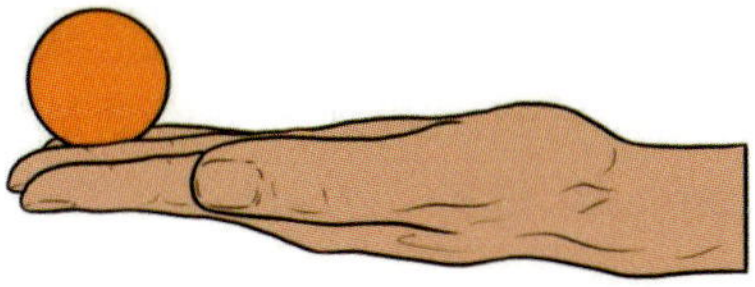

图4.1.2　发球犯规

发球员须用手把球垂直地向上抛起，不得使球旋转，并使球在离开不执拍手的手掌之后上升不少于16厘米，球下降到被击出前不得碰到任何物体（图4.1.3）。

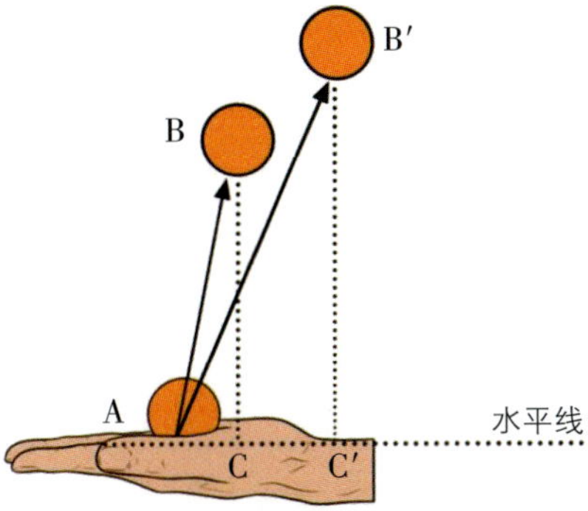

图4.1.3　抛球高度及垂直度

当球从抛起的最高点下降时，发球员方能击球，使球先触及本方台区，然后越过或绕过球网装置，再触及接发球员的台区。在双打中，球应先后触及发球员和接发球员的右半区（图4.1.4）。

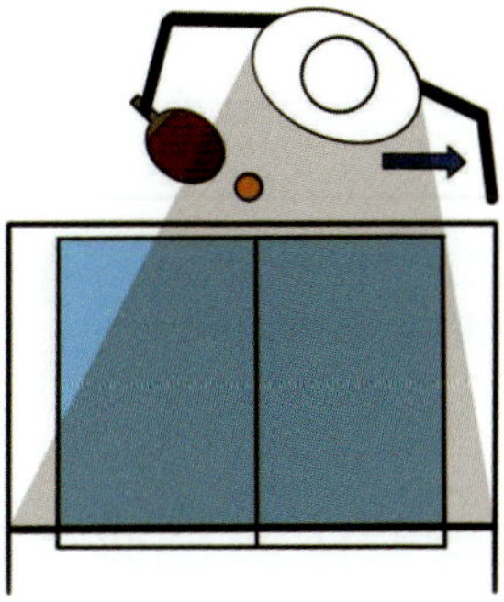

图4.1.4　三角区域

从发球开始到球被击出，球要始终在比赛台面的水平面以上和发球员的端线以外，而且不能被发球员或其双打同伴的身体或他们所穿戴（带）的任何物品挡住。

运动员发球时，应让裁判员或助理裁判员看清他是否合法发球：

1.裁判员或副裁判员对运动员发球是否合法有怀疑，将在一场比赛中第一次出现时进行警告，判重发球，不罚分。

2.在同一场比赛中，如果该运动员或其双打同伴发球动作的合法性再次受到怀疑，不论是否出于同样的原因，均判接发球方得1分。

3.任何时候，只要发球员明显没有按照合法发球的规定发球，接发球方将被判得1分，裁判员无须警告。

4.运动员因身体原因而不能严格遵守合法发球的规定时，可由裁判员做出决定，免予执行。

三、合法还击

合法还击是指对方发球或还击后，本方运动员必须击球，使球直接越过或绕过球网装置，或触及球网装置后，再触及对方台区。

四、比赛次序

在单打比赛中，先由发球员合法发球，再由接发球员合法还击，然后双方交替合法还击。

在双打比赛中，先由发球员合法发球，再由接发球员合法还击，然后由发球员的同伴合法还击，再由接发球员的同伴合法还击，此后，运动员按此顺序轮流合法还击。

【课后自我评价】

评价内容	等级				
能够熟知乒乓球比赛规则的基本概念	1	2	3	4	5
能够运用乒乓球比赛规则的基本概念	1	2	3	4	5

第二节　比赛的胜负机制

一、重发球

当回合出现下列情况时应判重发球：（1）发球员发出的球在越过或绕过球

网装置时触及球网装置，此后成为合法发球，或者被接发球员、同伴阻挡；（2）接发球员或其同伴未准备好时，球已发出，而且接发球员或其同伴均没有企图击球；（3）由于发生了运动员无法控制的干扰，而使运动员未能合法发球、合法还击或遵守规则；（4）双打比赛中，运动员错发或错接。

裁判员或副裁判员可以在下列情况下暂停比赛：（1）纠正发球、接发球次序或方位错误；（2）实行轮换发球法；（3）警告或处罚运动员；（4）比赛环境受到干扰，导致该回合的结果有可能受到影响。

二、得1分

除被判重发球的回合，下列情况运动员得1分：（1）对方运动员未能合法发球；（2）对方运动员未能合法击球；（3）合法发球或合法还击后，对方运动员在击球前，球触及了除球网装置以外的任何物体；（4）对方运动员击出的球已越过本方端线或比赛台面，并且始终没有触及本方台区；（5）对方阻挡；（6）对方故意连击；（7）对方运动员用不符合规定的拍面击球；（8）对方运动员或其穿戴（带）的任何物品使球台移动；（9）对方运动员或其穿戴（带）的任何物品触及球网装置；（10）对方运动员不执拍手触及比赛台面；（11）双打比赛中，对方运动员击球次序错误；（12）实行轮换发球法时，接发球方连续13次合法还击（包括接发球）。

三、一局比赛

在一局比赛中，先得11分的一方为胜方；10分平后，先多得2分的一方为胜方。

四、一场比赛

一场比赛应由奇数局组成。

【课后自我评价】

评价内容	等级				
能够熟知乒乓球比赛的胜负机制	1	2	3	4	5
能够作为裁判独立执裁一场比赛	1	2	3	4	5

第三节 比赛管理

一、报分

1.当一个回合呈现为结束状态，裁判员应立即报分。如果考虑观众的掌声或其他嘈杂声可能影响报分，裁判员应在情况允许时立即报分。

（1）报分时，裁判员应先报下一回合即将发球一方的得分数，然后报另一方的得分数。例如，一场比赛中即将发球的一方得5分，接发球一方得3分，此时裁判应报5比3。

（2）一局比赛结束时，裁判员应先报胜方运动员的姓名，然后报胜方得分数，再报负方的得分数。例如，一局樊振东与王楚钦的比赛，樊振东得13分，王楚钦得11分，裁判员应宣布：樊振东，13比11胜。

2.裁判员除报分外，还可以用手势表示其判决结果。

（1）当判得分时，裁判员可将靠近得分方的手举至齐肩高。手势应是：大臂与身体呈90度，小臂与大臂呈90度，握拳，拳心朝外（图4.3.1）。

图4.3.1 得分手势

（2）当出于某种原因，回合应判为重发球时，裁判员可以将手高举过头，表示该回合结束。手势应是：手臂伸直上举，五指并拢，掌心朝外（图4.3.2）。

图4.3.2　重发球手势

（3）当需要换发球时，裁判员应将手指向下一个发球员。手势应是：靠近下一个发球员的手臂伸直侧平举，掌心朝前，手指向下一个发球员一边，但不要求指向下一个发球员所站的位置（图4.3.3）。

图4.3.3　换发球手势

二、间歇

1.除非任何一方运动员提出要求，比赛应该继续进行。

（1）在局与局之间有不超过1分钟的休息时间。

（2）每局比赛中，每得6分后，或决胜局交换方位时，可有短暂的擦汗时间。

2.一名或一对双打运动员可在一场单项比赛中要求一次暂停，时间不超过1分钟。

（1）在单项比赛中，暂停应由运动员或指定的场外指导者提出；在团体比赛中，应由运动员或队长提出。

（2）请求暂停只有在球未处于比赛状态时做出，应用双手做出“T”形动作。

（3）在得到某方合理的暂停请求后，裁判员应暂停比赛并出示白牌，然后将白牌放在提出请求一方运动员的台区上（图4.3.4）。

图4.3.4 暂停手势

三、不良行为

1.运动员和教练员应克制那些可能不公平地影响对手、冒犯观众或影响本项运动声誉的不良行为。比如，使用辱骂性语言，故意损坏球或将球打出赛区，踢球台或挡板，不尊重比赛官员等。

2.任何时候，如果运动员或教练员出现严重冒犯行为，裁判员应中断比赛，立即报告裁判长；如果冒犯行为不太严重，对于第一次冒犯行为，裁判员可出示黄牌，警告冒犯者，如再次冒犯将被判罚（图4.3.5）。

图4.3.5　黄牌警告

3.除严重冒犯行为外，运动员在受到警告后，在同一场单项比赛或团体比赛中出现第二次冒犯行为，裁判员应判对方得1分，如再犯，判对方得2分。每次判罚应同时出示黄牌和红牌（图4.3.6）。

图4.3.6　红加黄牌警告

【课后自我评价】

评价内容	等级				
能够熟练应用裁判手势	1	2	3	4	5
能够作为裁判独立执裁一场比赛	1	2	3	4	5

第四节　双打裁判知识

一、发球区的规定

双打比赛中，发球员发球时必须使发出的球先落在本方球台的右半区，然后直接越过或绕过球网触及对方球台的右半区，中线应被视为右半区的一部分。发球错区判发球方失1分。

二、发球次序的规定

抽签后，确定发球方、接发球方。在比赛开始前，裁判员要让发球方确定谁先发球，然后让接发球方确定谁先接发球。因此，接发球方可以根据对方发球员选择合适的队员为接球员。此外，由于发球区的限制，双打中发球威力减小，所以在双打比赛时，中签的一方一般选择接发球较为有利。双方确定发球员和接球员后，就可以排出第一局的发球次序。

举例说明：如果有甲、乙两对运动员进行双打比赛，甲队由 A 、B 两名队员组成，乙队由 X 、Y 两名队员组成，假如 A 先发球，X 先接发球，那么，在此局中发球、接发球的次序为 A 发 X 接→ X 发 B 接→ B 发 Y 接→ Y 发 A 接。以此类推，直到该局结束。顺序如下：

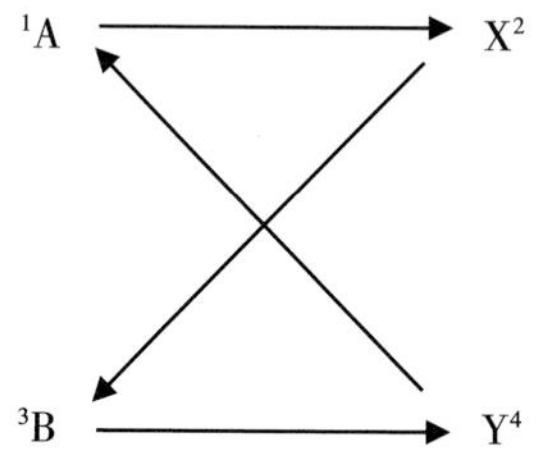

第二局比赛开始时，裁判员仍需让发球方确定第一发球员。如上例，第二局乙队 X 、Y 两名队员，可由 X 先发球，也可由 Y 先发球，当发球方确定以后，甲队接发球的运动员必须是第一局发球给本局发球员的运动员。因此，第二局可能是：

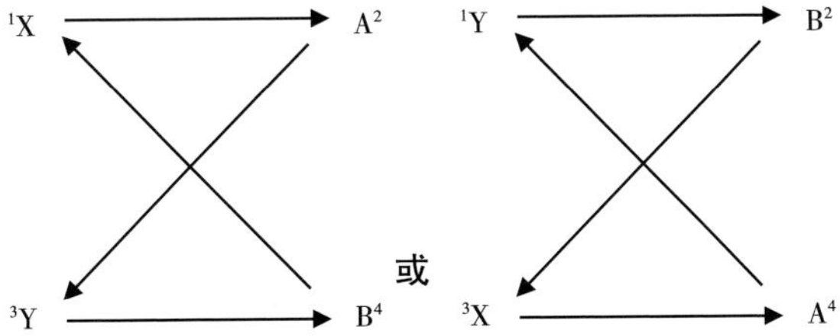

第三局比赛开始时，裁判员仍需让发球方确定第一发球员。如上例，第三局甲队 A 、B 两名队员，可由 A 先发球，也可由 B 先发球。当发球方确定以后，乙队接发球的运动员必须是第二局发球给本局发球员的运动员。因此，第三局可能是：

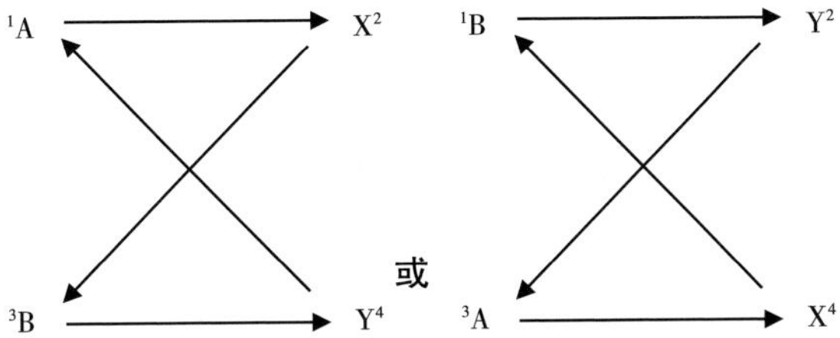

以此类推，决胜局有一方比分先达5分时，在交换方位的同时必须交换接发球员。此时，裁判员必须清楚下一球哪位运动员是发球员，然后根据记录调整接发球员，使比赛发球、接发球次序与双数局相同。

1.若决胜局比赛开始时 A 发球：如比分在5:0时交换方位，应为 B 发 X 接；如比分在5:1或5:2时交换方位，应为 Y 发 B 接；如比分在5:3或5:4时交换方位，应为 A 发 Y 接。

2.若决胜局比赛开始时 B 发球：如比分在5:0时交换方位，应为 A 发 Y 接；如比分在5:1或5:2时交换方位，应为 X 发 A 接；如比分在5:3或5:4时交换方位，应为 B 发 X 接。

三、击球次序的规定

参加双打的两名运动员必须每人轮流击球一次，一人连续击球两次则失1分。

四、双打判罚的规定

参加双打比赛的两名运动员在执行规则时应被视为一方运动员，对其中任何一名运动员的警告或判罚都应被视为对这一方运动员的警告或判罚；两名运动员的球拍不能互换。

【课后自我评价】

评价内容	等级				
能够熟知乒乓球比赛中双打的裁判职责	1	2	3	4	5
能够熟练应用乒乓球比赛中双打的裁判职责	1	2	3	4	5
能够作为裁判独立执裁一场乒乓球双打比赛	1	2	3	4	5

第五节　团体比赛

一、团体比赛形式

（一）五场三胜制的团体比赛（五场单打）

一个队由3名队员组成。一队为A、B、C，另一队为X、Y、Z，比赛顺序是：A-X；B-Y；C-Z；A-Y；B-X。

（二）五场三胜制的团体比赛（四场单打和一场双打）

一个队由2、3或4名队员组成。一队为A、B，另一队为X、Y，比赛顺序是：A-X；B-Y；双打；A-Y；B-X。

（三）七场四胜制的团体比赛（六场单打和一场双打）

一个队由3、4或5名队员组成。一队为A、B、C，另一队为X、Y、Z，比赛顺序是：A-X；B-Y；C-Z；双打；A-Y；C-X；B-Z。

（四）九场五胜制的团体比赛（九场单打）

一个队由3名队员组成。一队为A、B、C，另一队为X、Y、Z，比赛顺序是：A-X；B-Y；C-Z；B-X；A-Z；C-Y；B-Z；C-X；A-Y。

二、团体比赛程序

1.所有出场运动员应出自团体报名表。

2.团体比赛前由抽签的中签者优先选择A、B、C或X、Y、Z，由队长将名单提交给裁判长或其代理人，并给每一名单打运动员确定一个字母所代表的相应位置。

3.双打比赛的配对无须立即提交，可在前两场单打比赛结束后提交。

4.需要连场的运动员在连场的比赛之间有最多5分钟的休息时间。

5.当一个队赢得足够多的场次时，为一次团体比赛结束。

三、团体比赛记分表（以五场三胜制为例）

团体记分单

项目：　　　　　　　　　　　　　　队名：

日期	场次号	阶段	轮次	组别	时间	台号

顺序	A/B/C		X/Y/Z		每局比分					结果
					1	2	3	4	5	
1										
2										
3										
4										
5										

比赛结果：　　　　　　　　　　　　获胜者：

胜方签名：　　　　　　　　　　　　负方签名：

裁判员签名：　　　　　　　　　　　裁判长签名：

团体赛出场名单

场次号：

队名：

A/B/C 或 X/Y/Z	姓名

队长签名：

团体赛出场名单

场次号：

队名：

A/B/C 或 X/Y/Z	姓名

队长签名：

【课后自我评价】

评价内容	等级				
能够熟知乒乓球团体比赛的形式	1	2	3	4	5
能够掌握乒乓球团体比赛的记分单	1	2	3	4	5
能够运用所学知识组织一场乒乓球团体比赛	1	2	3	4	5

乒乓球体能素质练习

乒乓球体能素质练习能够提高学生身体素质。乒乓球是一项需要快速反应和良好协调能力的运动，通过体能素质练习，学生可以锻炼心肺功能、增强肌肉力量、提高速度和灵敏度等。这些素质的提升不仅有助于学生在乒乓球运动中取得更好的成绩，还能够增强他们的体质，提高免疫力，减少患病风险。

乒乓球体能素质练习有助于培养学生的意志品质。在体能素质练习中，学生需要克服各种困难和挑战，例如持之以恒地训练、不断调整技术、应对失败和挫折等。这些经历能够培养学生的毅力、决心和自信心，使他们更加坚强和乐观地面对生活中的各种挑战。此外，乒乓球体能素质练习还有助于提高学生的社交能力。乒乓球是一项社交属性较强的运动，需要学生之间相互协作与配合。在训练和比赛中，学生需要学会如何与队友沟通、如何与对手交流以及如何处理人际关系。这些经验能够增强学生的沟通能力、合作精神和领导能力，使他们更好地融入社会。

乒乓球体能素质练习对于学生的心理健康也有积极的影响。乒乓球运动能够释放压力、增强情绪稳定性和自信心，使学生更好地管理自己的情绪。

综上所述，乒乓球体能素质练习对于学生来说，具有多方面的积极意义，不仅能够提高身体素质和运动技能，还能够培养意志品质、社交能力和提高心理健康水平。因此，学生应该重视乒乓球体能素质练习，积极参与相关活动，全面提升自己的综合素质。

一、乒乓球速度素质训练方法

高抬腿接冲刺跑练习：练习者做原地高抬腿练习，听教练员口令后迅速启动跑出10～15米。

持乒乓球拍快速徒手动作练习：计30秒正手攻、拉、扣等动作练习，一般采取慢—快—最快—快—慢的速度节奏进行练习。

弓步跳：双腿一前一后弯曲呈90度，跳起时伸直，然后双腿前后互换落地。

双摇跳绳练习：连续双摇跳绳，要求动作配合协调，每组30次，做3组。

二、乒乓球力量素质训练方法

蛙跳练习：身穿沙背心，带沙绑腿，做全蹲。双脚蹬地，腿蹬直向前上方跳起，腾空后挺胸收腹，快速屈腿前摆，双脚掌落地后不停顿地连续做，6～10次为一组。

直腿跳练习：肩负轻杠铃，膝部伸直，利用踝关节屈伸的力量连续向上跳起。

两头起：平躺于地面，两腿并拢自然伸直，两臂于头后自然伸直。起坐时，两腿两臂同时上举下压，向身体中间靠拢，以胯为轴，使身体形成对折，然后恢复原状，再继续做两头起，连续做10～15次，每次练习2～3组。

拉弹力带练习：结合专项技术动作练习，如拉弹力带做正手攻、拉等动作。

三、乒乓球耐力素质训练方法

1分钟多球练习：按照教练员所安排的动作，进行1分钟反复练习。

结合技术做步法练习：在乒乓球台前做跨步、交叉步等移动练习，每组100次，做5组，每组间歇2分钟。

登山跑：俯卧撑姿势，将全身重量置于手掌和脚趾，并确保身体为一条直线。利用腿部肌肉带动单脚膝盖抬起，往前靠近胸部，达到极限。往后放下，并换另一只脚抬起，重复动作。每组30秒，一共3组，每组间歇1分钟。

长跑：女子1000米，男子2000米。

四、乒乓球灵敏素质训练方法

真假发球练习：两人同时在对面发球，一人真发，另一人假发，以提高运动员的判断和接发球的能力。

信号变换步法接加速跑练习：练习者根据教练员的信号要求，变换各种步法做练习，最后听口令接做加速跑练习。

绳梯练习：前进小碎步，开合跳，高抬腿，单脚跳，单双腿交替跳跃前进，侧面交替跑，侧向交叉步。

五、乒乓球柔韧素质训练方法

肩胛伸展：双脚站立与髋同宽，双膝微弯，将左手越过身体，手肘微弯，并以右手固定于左手肘处，然后将左手臂靠向身体，直到感觉肩膀的肌肉紧绷；换边重复相同动作。

双人压肩练习：两人面对面站立，距离适中，手扶对方的肩部，做体前屈压肩练习。

正面压腿练习：练习者坐在地上，双腿伸直并拢，用手触碰脚掌，同伴在后面辅助向下压。

大腿前侧拉伸：练习者背对桌子站立，将左脚背置于桌面上，保持两侧大腿平行，微微地将髋部向后倾斜，感受左大腿前侧的股四头肌被拉扯。维持此姿势几秒，再放松，然后换边重复进行。

【课后自我评价】

评价内容	等级				
能够准确完成体能训练	1	2	3	4	5
能够准确把握体能训练方法	1	2	3	4	5
能够根据自身不足灵活进行体能训练	1	2	3	4	5
能够设计出一套适合自己的训练方案	1	2	3	4	5

羽毛球

DAXUE TIYU YUNDONG JIAOCHENG

第五章

羽毛球运动基本知识

■导　　引　羽毛球基本知识涵盖了羽毛球场地标准、器材规范、基本技术、基本站位、常用术语等方面的内容。了解这些基本知识，可以帮助初学者更好地理解和享受这项运动。

■学习目标　掌握羽毛球运动的基础知识，能够顺利进行运动前的各项准备工作。

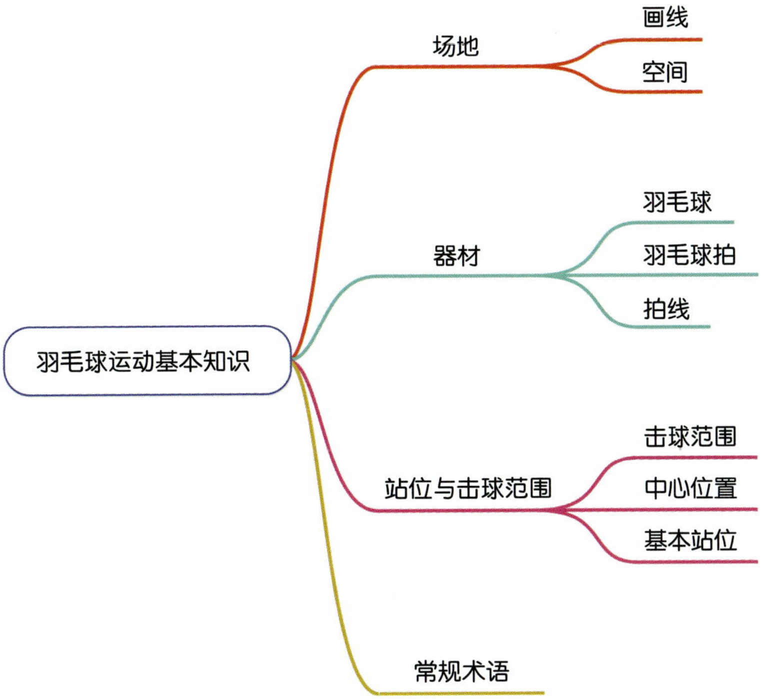

第一节　场地

画线：1972年（包括1972年）以前的《羽毛球竞赛规则》中将羽毛球运动场地划线宽度规定为3.8厘米，1972年以后的《羽毛球竞赛规则》中将羽毛球运动场地划线宽度规定为4厘米。

空间：1998年（包括1998年）以前的《羽毛球竞赛规则》对场地高度的要求最低为9米，在这个高度范围内，禁止悬挂横梁和障碍物，并且规定，两两相连的球场四周，至少要保证有2米的距离；1999年以后的《羽毛球竞赛规则》中对于一些国际重大比赛，如奥运会、世界锦标赛、苏迪曼杯等，对场地高度的要求最低为12米，在这个高度范围内，禁止悬挂横梁和障碍物，并且规定，两两相连的球场四周，至少要保证有2米的距离。除了球场以外，其他背景都应是深色的。球网中心自然下垂不能低于152.4厘米，网两边支柱高155厘米。球场四周2米以内、上空9米以内不得有任何障碍物（图5.1.1）。

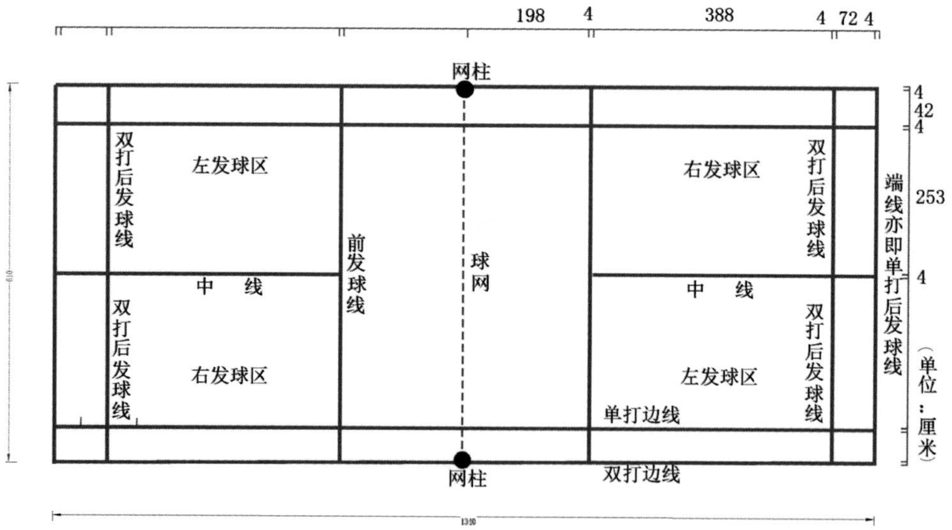

图5.1.1　羽毛球场地示意图

第二节　器材

一、羽毛球

羽毛球由16根羽毛和球托组成。羽毛长62～70毫米，球托直径25～28毫米，球托底部为圆形。每一个球的羽毛从托面到羽毛尖的长度应一致。羽毛顶端围成圆形，直径为58～68毫米。羽毛球重4.73～5.50克。羽毛球有人工合成和天然的两种，人工合成的羽毛球允许有不超过10%的误差。

球速的检验：验球时，运动员低手位将球向前上方尽力击出，击球点应在端线上方，球的飞行方向与端线齐平。符合标准的球速，应落在距离对方端线外沿530～990毫米的区域内（图5.2.1）。

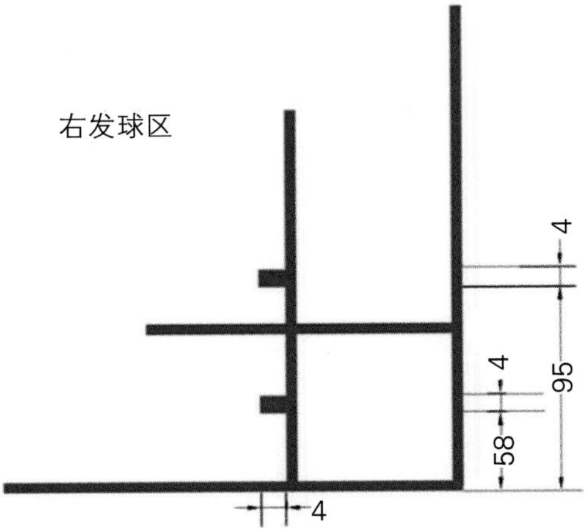

图5.2.1　落点区域示意图

二、羽毛球拍

羽毛球拍由拍框、拍杆和拍柄组成。球拍总长不超过68厘米，宽不超过23厘米。羽毛球拍的材质分为三种：复合材质，常见的有碳玻纤维球拍；金属球拍，如铁铝、铝合金、全铁等，超市里的球拍基本上都是金属材质（比较重）；碳纤维、全碳素球拍，碳纤维的好处是重量轻、韧性好、强度高，是目前主要的球拍材质。球拍的重量是多样化的，不同的厂商有各自的重量单位定义，但是最常见的就是尤尼克斯公司所使用的U系统（U=95～100克，2U=90～94克，3U=85～89克，4U=80～84克，5U=75～79克）。球拍的重量影响挥拍速度，但并不是越轻越好，每个人应根据自己的需求选择适合的球拍。

1972年以前的《羽毛球竞赛规则》规定运动员所用球拍为椭圆形木框，1973年以后的竞赛规则规定运动员所用球拍由传统材料向现代材料过渡。

三、拍线

1960年以前的《羽毛球竞赛规则》规定拍线由羊肠线穿插而成，从20世纪70年代至现在的规则规定拍线由羊肠线和化学线混合而成。

第三节　站位与击球范围

一、击球范围

击球方式不同，击球的位置也不同。击球方式可分为正手位和反手位，在头顶和持拍手同侧身体的范围内采用正手击球，在非持拍手一侧身体的范围内采用反手击球。

二、中心位置

中心位置指单打范围的中央，从这一位置到达场上的任何区域都很容易。每次击球后都要尽快回中心位置，便于防守。但是，中心位置不是固定的，应根据场上实际情况判定，中心位置要利于接应下一拍（图5.3.1）。

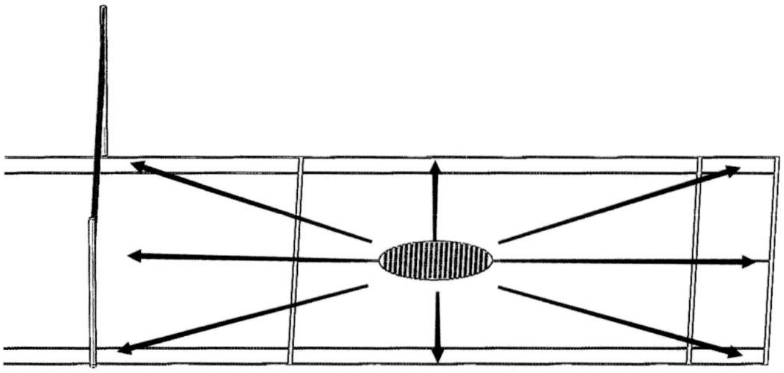

图5.3.1　中心位置

三、基本站位

双脚自然开立，平行站位，双脚间距与肩同宽或略比肩宽，双脚脚跟自然提起，前脚掌触地，双膝微曲，身体重心稍降。持拍手稍屈肘展腕，拍头上仰于胸前。进攻站位时，持拍手同侧脚可前移半步。

第四节　常规术语

步法：指脚步移动的方法。

判断启动：从接球前的准备动作开始，在对手出手击球的瞬间，判断来球方向，同时双脚前脚掌迅速蹬地向来球方向启动。快速判断启动是迅速移动到位、争取有利击球位置的前提和保障。

蹬步：支撑腿向前、后、左、右等方向蹬地获得力量而产生的移动步法。

跨步：一脚向前、后、左、右等方向跨出产生的移动。步法间调整多用小跨步，击球最后一步用大跨步。

跳步：支撑腿跳起击球，分为单脚起跳和双脚起跳。

并步：一脚向前、后、左、右等方向移动，另一脚随之向相同方向移动并步。

交叉步：一脚向前、后、左、右等方向移动，另一脚随之向相同方向移动并超过前脚形成交叉步。

手臂内旋：握拍手向身体内侧方向转动。

手臂外旋：握拍手向身体外侧方向转动。

手腕外展：拇指向桡骨侧靠拢。

手腕内收：小指向尺骨侧靠拢。

手腕后伸：手腕由矢状面位置开始向后移动。

手腕前屈：手腕由矢状面位置开始向前移动。

【课后自我评价】

评价内容	等级				
能够熟知羽毛球运动基本知识	1	2	3	4	5
能够熟练应用羽毛球运动基本知识	1	2	3	4	5

第六章
羽毛球基本技术动作

导　　引　羽毛球基本技术动作主要由上肢的基本手法和下肢的基本步法两部分组成。羽毛球基本技术动作主要包括握拍技术、发球技术、击球技术、基本步法等内容。

学习目标　熟练掌握羽毛球基本技术，能够在不同情况下运用正确的握拍、发球、击球以及步法。

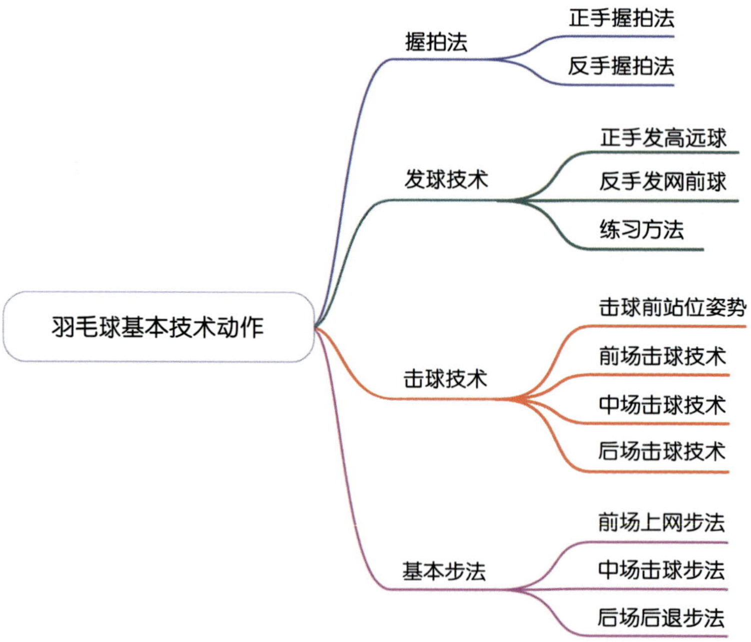

第一节　握拍法

学会正确的握拍法，在击球时才能充分利用“延长的手”，体会球拍与手融为一体。因此，初学者必须认真掌握好正确的握拍方法。基本的握拍法有两种，即正手握拍法和反手握拍法。

一、正手握拍法

动作要领：与握手相似，右手握着拍杆，拍框与地面垂直。张开右手，虎口对准内侧斜棱。无名指和小指握紧球拍，拇指、食指和中指自然放松贴于球拍两侧宽柄面上。手掌的小鱼际肌靠在拍柄下端处，掌心与拍柄留有空隙。正手发球、右场区各种击球及头顶击球等，一般都采用正手握拍法（图6.1.1、图6.1.2）。

常见错误：握拍太紧，食指伸直按在拍柄面上，握拍位置过于靠近拍柄上端等。

练习方法：若握拍太紧，可以将右手打开，将拍柄放在手指根部，用无名指和小指握紧拍柄，感受不用拇指、食指、中指也能握紧球拍的感觉，再将拇指、食指、中指自然贴于柄面上。若食指伸直按压在柄面上，可以找到食指第二指节贴于柄面上，拇指指腹内侧贴于异侧柄面上，拇指与食指指尖相向，体会拇指和食指放松的感觉。

图6.1.1　正手握拍法正面

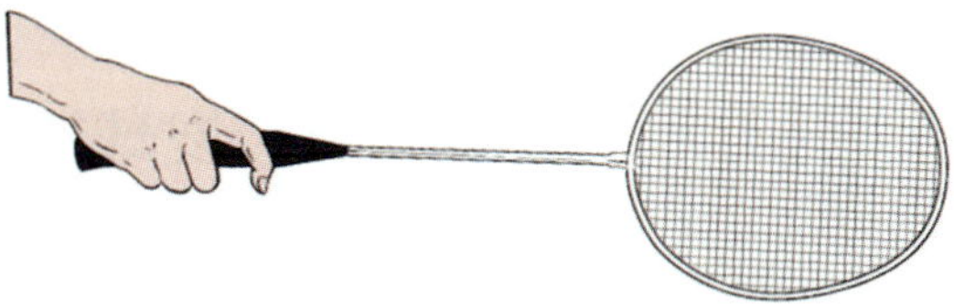

图6.1.2　正手握拍法侧面

二、反手握拍法

动作要领：在正手握拍的基础上，拇指上提，贴于正拍面朝向的宽柄面上，食指向中指靠拢，拇指和食指将拍柄向外旋90度，此时拍框与地面平行，拍柄与掌心留有间隙，便于发力。反手位击球一般采用反手握拍法（图6.1.3）。

常见错误：握拍太紧，大鱼际肌紧贴拍柄，没有发力空间。

练习方法：将拇指向下移至几乎与食指的位置相平，留有大鱼际肌与拍柄的发力空间。

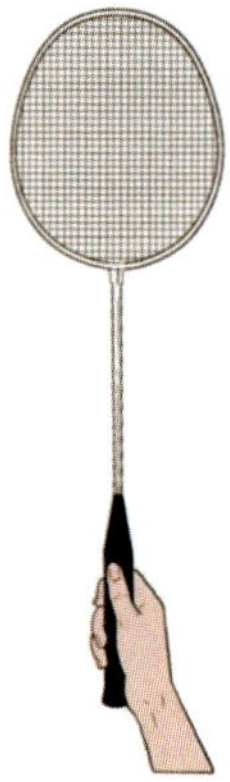

图6.1.3　反手握拍法

【课后自我评价】

评价内容	等级				
能够正确完成握拍动作	1	2	3	4	5
能够借助非视觉感知机制完成精准的握拍动作	1	2	3	4	5
能够根据不同情况完成相应的握拍姿势	1	2	3	4	5
能够正反手握拍灵活转换	1	2	3	4	5

第二节　发球技术

发球的基本技术分为正手发球技术和反手发球技术。若按球在空中飞行的弧线划分，则可分为高远球、平高球、平射球、网前球（图6.2.1）。

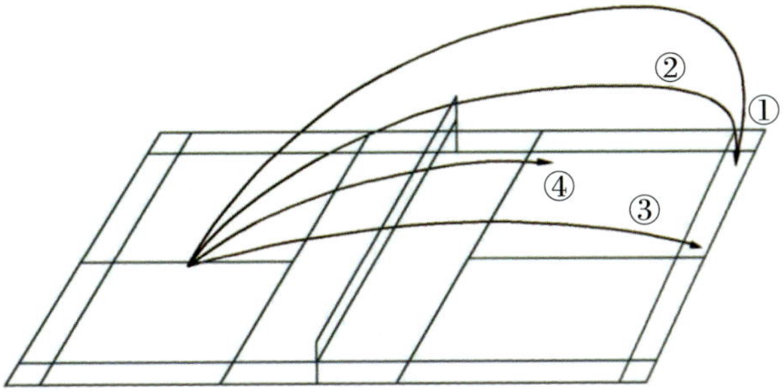

①发高远球 ②发平高球 ③发平射球 ④发前场小球

图6.2.1 发球种类路线图

【知识拓展】高远球指把球发得又高又远，几乎垂直下落在对方底线附近。平高球指控制球的高度，使之飞越对方而落在底线处，平高球的飞行弧线比高远球低，速度比高远球快。平射球快而平，直冲对方底线。网前球指发的球刚好越过网顶，落在对方前发球线附近。

一、正手发高远球

（一）动作要领（以右手持拍为例）

站在场地中线附近且距前发球线约1米的位置，左脚在前，脚尖朝向球网，右脚在后，脚尖朝向右斜前方，身体稍侧对球网，双脚与肩同宽，身体重心放在右脚上。左手持球，右手正手握拍并自然屈肘于身体右侧。发球开始，右臂后引，由上而下向右前上方挥拍，同时左手放球。挥拍过程中，重心由右脚转到左脚。当球拍挥至右侧前下方时（击球点），右前臂加速，握紧球拍，此时前臂稍内旋，手腕由后伸到屈收，急速向前上方闪动击球。击球后，球拍随惯性向左上方减速，然后收回至胸前（图6.2.2）。

图6.2.2 正手发高远球

（二）常见错误

1.站位错误。初学者双脚前后站位容易出现双脚不在一条延长线上或距离过远，在击球时转体不充分或过分转体等情况，导致发力不完全或球易出边线。

2.转体发力时，重心没有转移到前脚，导致发力不完整。

3.发高远球击球时，挥拍轨迹过早向左前上方收拍或通过屈肘发力而没有旋臂发力过程，导致发力不完全，球容易打偏。

4.放球时，球出现翻滚、上抛或前后抛的现象，导致接球者无法找准最佳击球点，影响正确动作的形成。

二、反手发网前球

（一）动作要领（以右手持拍为例）

发球者站在靠近中线且距离前发球线较近的位置，右脚在前，身体重心在前脚，上体前倾后脚跟提起。以反手握拍的方式握于拍柄上部，肘关节提起，手腕稍前屈，斜放在小腹前。左手的拇指、食指、中指捏住有明确羽毛的部位，自然倾斜置于反拍面前。发球时，球拍由后向前推送击球，使球的最高弧线略高于网顶，球过网后下行，落在对方前发球线内（图6.2.3、图6.2.4）。

（二）常见错误

1.反手发球时，击球点高于腰或拍头高于手，造成发球违例。

2.反手发网前球时，翻腕或手腕上挑，导致发球违例或使球过网较高。

3.准备动作时，肘部未提起，增加了球过网的距离，不利于发力。

图6.2.3 反手发球正面

反手发小球击球动作　反手发平高球击球动作　反手发平射球击球动作　反手引拍动作　反手发球准备姿势

图6.2.4　反手发球侧面

三、练习方法

利用多球练习巩固发球动作，根据发球质量调整击球时的发力和挥拍轨迹、击球时拍面角度以及力的大小。

【课后自我评价】

评价内容	等级				
能够熟知各个发球技术的动作要领	1	2	3	4	5
能够正确完成发球动作	1	2	3	4	5
能够准确把握发球力度	1	2	3	4	5
能够准确把握发球落点	1	2	3	4	5

第三节　击球技术

一、击球前站位姿势

双脚自然开立，约与肩同宽，持拍手的同侧脚前移半步，双脚脚跟自然提起，两膝自然弯曲，身体重心降低，球拍置于胸前，非持拍手自然抬起，眼睛注视来球（图6.3.1）。由于后场击球技术较前场困难一点，因此，做击球准备姿势时，站位可位于场地中心点稍向后场靠近一小步的位置上。

图6.3.1　击球前准备姿势

二、前场击球技术

前场击球技术包括网前放、搓、推、勾、扑、挑球等（图6.3.2）。击球点分为前场高手位和低手位，可根据场上不同情况灵活选取。这些技术动作比较细腻，要求握拍灵活、手腕和手指灵巧。

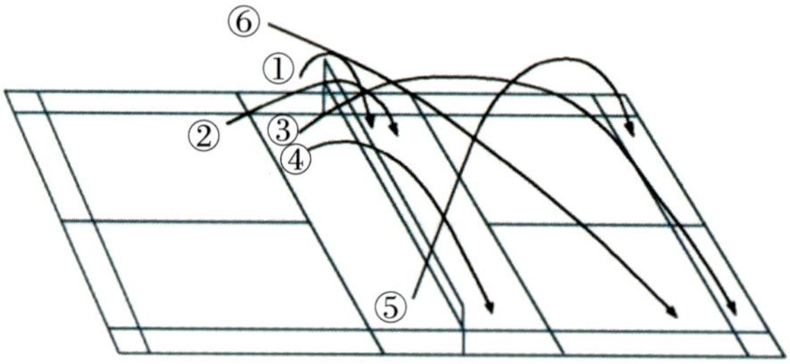

①前场搓球　②前场低手位放网　③前场平推斜线球
④前场勾对角球　⑤前场挑斜线球　⑥前场扑斜线球

图6.3.2　前场击球种类路线图

（一）前场高手位击球种类

1. 正手搓球（图6.3.3）：右侧方向来球时，降低重心，蹬跨步移至前场，同时持拍手手臂外旋，手腕外展伸向来球底部，左手自然后伸，腿部呈弓箭步站立。击球前，前臂外旋，手腕外展引拍至右侧。击球时，在正手放网动作的基础上，加快挥拍速度，切搓球托的右下底部，使球产生旋转翻滚越网而过。搓击手法有两种：（1）收搓。用食指、拇指捻动球拍，手腕由展腕至收腕发力，以斜拍面由右向左切击球托的左后侧部位，使球呈下旋翻滚过网。（2）展搓。击球动作由收腕到展腕发力，以斜拍面由左向右切击球托的右后侧部位，使球呈上旋翻滚旋转过网。

2. 正手网前推球（图 6.3.3）：右侧方向来球时，降低重心，蹬跨步移至前场，同时以肩肘为轴，前臂外旋带动伸展，在身体的右前方做适量的半弧回环引拍，左手自然后伸，腿部呈弓箭步站立。当右脚呈弓箭步跨出时，将距离网顶端 10～30 厘米距离的来球，以肘为轴，前臂内旋带动手腕由收腕至展腕快速向前发力击球，击球时运用食指的拨力击球。正拍面向正前方击球为推直线球，正拍面向斜前方击球为推斜线球。击球后，立即向中心位置回动，手臂回收体前，还原成击球准备姿势。

3. 正手网前勾对角球（图 6.3.3）：来球靠近网顶，要力争高击球点，用"抹勾"击法使球向对角网前掠网坠落。右侧方向来球时，重心稍降，蹬跨步移至前场，左手向身体的侧后方自然平举，腿部呈弓箭步站立。球拍稍外转，拇指和食指的第二节分别贴在拍柄内、外侧的宽面上。击球时，前臂稍内旋，手腕微屈拉收球拍击球，或者球拍由右向左下方切送击球。

搓球　　　　推球　　　　勾对角球

图 6.3.3　正手高手位搓球、推球、勾对角球

4. 正手网前扑球（图 6.3.4）：右侧方向来球时，降低重心，蹬跨步移至前场，左手向身体的侧后方自然平举。在右脚蹬地向前跨出或腾空跃起时，持拍手高举向头部前上方伸出，前臂稍外旋，回环引拍。击球时，前臂内旋，手腕由伸展姿势向前下方快速挥拍击球托的正面。若来球较为近网时，一般采用由右向左与球网几乎平行的方向挥拍击球，这种击球方式被称为"滑动式扑球"。击球后，手臂以制动动作结束，右脚着地屈膝缓冲，回收球拍于体前。

图6.3.4　正手网前扑球

5. 反手搓球（图6.3.5）：左侧方向来球时，降低重心，蹬跨步移至前场，同时手臂略内旋，手腕前屈，伸向来球方向，左手自然后伸，腿部呈弓箭步站立。击球前，前臂稍往上举，手腕前屈，手背约与网同高，拍面低于网顶。搓击手法有两种：（1）收搓。用食指、拇指捻动球拍，手腕由展腕至收腕发力，以斜拍面由左向右切击球托的左后侧部位，使球呈下旋翻滚过网。（2）展搓。击球动作由收腕到展腕发力，以斜拍面由左向右切击球托的右后侧部位，使球呈上旋翻滚旋转过网。

6. 反手网前推球（图6.3.5）：左侧方向来球时，降低重心，蹬跨步移至前场，同时持拍手前臂内旋左半弧形回环引拍，向来球方向伸出，左手向身体的侧后方自然平举，腿部呈弓箭步站立。当右脚呈弓箭步跨出时，将距离网顶端10～30厘米距离的来球，手腕由展腕至收腕向前快速挥动发力，击球的瞬间充分运用拇指前顶发力。反拍面向正前方击球为推直线球，反拍面向斜前方向击球为推斜线球。击球后，立即向中心位置回动，手臂回收至体前，还原成击球准备姿势。

7. 反手网前勾对角球（图6.3.5）：来球靠近网顶，要力争高击球点，用“抹勾”击法使球向对角网前掠网坠落。左侧方向来球时，重心稍降，蹬跨步移至前场，左手向身体的侧后方自然平举，腿部呈弓箭步站立。球拍稍内转，拇指和食指分别贴在内、外侧的小棱边上，其余手指自然握住拍柄，拍柄离开掌心。击球时，手臂突然下沉，同时外旋，手腕后伸闪动，拇指内侧和中指把拍柄往右侧一拉，拨击球托的左侧后部。

图6.3.5　反手高手位搓球、推球、勾对角球

8.反手网前扑球（图6.3.6）：左侧方向来球时，降低重心，蹬跨步移至前场，左手向身体的侧后方自然平举，在右脚蹬地向前跨出或腾空跃起时，持拍手高举向头部前上方伸出，前臂稍内旋，回环引拍。击球时，前臂外旋，手腕由伸展姿势向前下方快速收腕发力击球托的正面。击球瞬间，手臂伸直，手腕由外展至内收闪动，手指紧握拍柄，拇指顶压发力，由左至右加速挥拍击球。若来球较为近网时，一般采用由右向左与球网几乎平行的方向挥拍击球，这种击球方式被称为“滑动式扑球”。击球后，手臂以制动动作结束，右脚着地屈膝缓冲，回收球拍于体前。

图6.3.6　反手网前扑球

（二）前场低手位击球种类

1.正手挑球（图6.3.7）：右侧方向来球时，降低重心，蹬跨步移至前场，左手向身体的侧后方自然平举，腿部呈弓箭步站立。同时，持拍手手臂外旋，带动手腕稍作回环引拍动作伸向来球底部，击球点在腰部或膝盖以下的位置。

击球时，前臂迅速内旋，带动手腕向前上方展腕发力击球，击出去的球以高弧线飞行，落至底线附近。击球后，立即向中心位置回动，持拍手的手臂收至胸前。

2. 正手放网（图6.3.7）：右侧方向来球时，降低重心，蹬跨步移至前场，同时持拍手手臂外旋，手腕外展伸向来球底部，左手自然后伸，腿部呈弓箭步站立。击球时，手掌放松空出，仅用手指握住拍柄，伸向球托底部，靠身体前冲力量和拇指、食指力量“抬击”球托底部，使球越过球网，贴网下落至对方前场区域。击球后，立即向中心位置回动，持拍手手臂收至胸前，还原成准备击球姿势。

3. 正手网前勾对角球（图6.3.7）：当运动员处于被动状态时，对于右侧方向的来球，降低重心，蹬跨步移至前场，持拍手将球拍伸向来球底部，左手向身体的侧后方自然平举，腿部呈弓箭步站立。球拍稍外转，拇指和食指的第二节分别贴在拍柄内、外侧的宽面上。击球时，前臂稍内旋，手腕微屈，拉收球拍击球，或者球拍由右向左下方切送击球。

图6.3.7　正手低手位挑球、放网、勾对角球

4. 反手挑球（图6.3.8）：左侧方向来球时，降低重心，蹬跨步移至前场，左手向身体的侧后方自然平举，腿部呈弓箭步站立。同时，持拍手的手臂内旋，带动手腕稍回环引拍，伸向来球底部，击球点在腰部以下的位置。击球时前臂外旋带动手腕，利用拇指的顶力向前上方收腕发力，将球向对方后场上空击出，使球落入底线附近。击球后，立即向中心位置回动，手臂回收至体前。

5. 反手放网（图6.3.8）：左侧方向来球时，降低重心，蹬跨步移至前场，同时手臂略内旋，手腕前屈伸向来球方向，左手自然后伸，腿部呈弓箭步站立。当右脚呈弓箭步跨出时，借用上网的冲力，并通过拇指轻轻向前上方抖动发力，抬击球托底部，使球越过球网，贴网落入对方前场区域。击球后，立即向中心位置回动，手臂回收至体前，还原成准备击球姿势。

6. 反手网前勾对角球（图6.3.8）：当运动员处于被动状态时，针对左侧方向的来球，降低重心，蹬跨步移至前场，持拍手将球拍伸向来球底部，左手向身体的侧后方自然平举，腿部呈弓箭步站立。球拍稍内转，拇指和食指分别贴在内、外侧的小棱边上，其余手指自然握住拍柄，拍柄离开掌心。击球时，手臂突然下，沉同时外旋，手腕后伸闪动，拇指内侧和中指把拍柄往右侧一拉，拨击球托的左侧后部。

图6.3.8　反手低手位挑球、放网、勾对角球

【课后自我评价】

评价内容	等级				
能够熟知前场各个击球技术的动作要领	1	2	3	4	5
能够正确完成前场各个击球动作	1	2	3	4	5
能够准确把握前场各个击球动作的力度	1	2	3	4	5
在实战中能够灵活运用前场各个击球技术	1	2	3	4	5

三、中场击球技术

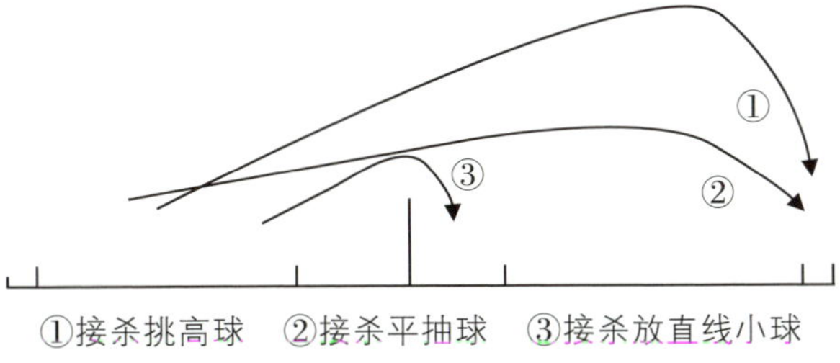

图6.3.9　中场击球种类路线图

（一）接杀球

接杀球可分为正手接杀球和反手接杀球。

1.正手接杀球技术

动作要领：站于中后场位置，屈膝降低重心，上臂带动前臂和手腕做一定的弧形引拍，球拍与跨步脚的脚尖同时指向来球。接杀球击球点应控制在体侧平行面之前。

正手接杀放网（图6.3.10）：手腕屈收，手指控制球拍面，借助对方杀球的力量，以一定的仰角斜拍面向前方推送，切击球托的底部，使球呈直线飞行落入对方前场区域。

图6.3.10　正手接杀放网

正手接杀勾对角球（图6.3.11）：击球时，运用正手网前勾对角线小球的动作向前推送发力，使球沿对角线飞行，落入对方的前场区域。

图6.3.11　正手接杀勾对角球

正手接杀挑球（图6.3.12）：以肘为轴，前臂和手腕迅速内旋，食指紧扣拍柄，展腕发力将球击出，使球沿高弧线飞行，落入对方场区底线附近。

图6.3.12　正手接杀挑球

正手接杀平抽球（图6.3.13）：手臂迅速内旋，食指控制球拍，在其余四个手指的协作下，以类似翻压的动作发力击球，使球平行过网后呈向下轨迹运行。

图6.3.13　正手接杀平抽球

勾对角球　　平抽球　　放网　　挑球

图6.3.14　正手接杀球

击球后，在跨步脚触地的瞬间，立即向中心位置回动，同时迅速收回持拍手，准备回击下一个来球。

2. 反手接杀球技术

动作要领：站于中后场位置，屈膝降低重心，在跨步脚向前迈的同时，持拍手正手握拍变为反手握拍，并且上臂内旋带动前臂和手腕做一定的弧形引拍，伸向左侧来球方向。接杀球击球点应控制在体侧平行面之前。

反手接杀放网（图6.3.15）：持拍手完全放松，手指控制球拍面由展腕至收腕微发力，以一定的斜拍面仰角向前推送切击球托的底部，使球呈直线飞行，贴网落入对方的前场区域。

图6.3.15　反手接杀放网

反手接杀勾对角球（图6.3.16）：加大击球力量和拍面角度，向斜前方推送切击球托的左后侧，使球呈对角线飞行，落入对方前场网前区域。

图6.3.16　反手接杀勾对角球

反手接杀挑球（图6.3.17）：以肘部为轴，前臂和手腕迅速外旋，利用拇指的顶力发力，紧握球拍，以收腕动作将球击出，使球呈高弧线飞行，落入对方底线附近。

图6.3.17　反手接杀挑球

反手接杀抽球（图6.3.18）：右脚触地的同时，手臂迅速外旋带动手腕闪动发力，在拇指前顶拍柄和其余四指协作下，以类似翻压的动作发力击球，将球沿齐网平行高度呈直线或对角线击向对方场区。

图6.3.18　反手接杀抽球

勾对角球　　放球　　挑球　　平抽球

图6.3.19　反手接杀球

3.常见错误

（1）接杀击球点位置不佳。因接杀球引拍动作大、出手动作慢，导致击球点在身体后侧，回球质量差或直接回球失误；因接杀球时没有"迎球"回击意识，或因步法启动和移动速度跟不上球速，导致击球点偏后，回球质量不高。

（2）接杀球回击方式错误。用反拍面接中场正手位置的杀球，导致回球没有威胁性；用正拍面正手握拍姿势击球，回球威力不大；用反拍面回击右肩附近位置球，回球较被动。

（3）接杀时拍面仰角不合适。击球拍面与地面仰角过大，球过网则高；击球拍面与地面仰角过小，球可能不过网。

（4）接杀球收拍准备不充分。中场接杀击球后，没有迅速收拍再做准备，影响了快速衔接下一拍球的连续性。

4.练习方法

（1）定点多球练习。通过一人掷球一人接杀的练习方式，掷球者站在隔网近网处，练习者在中场准备接杀。

（2）定点线路练习。利用半个场地，一人杀球一人接杀。

（3）对墙练习。练习者可以利用反手的抽墙训练，体会反手发力，因为对于双打而言，用反手接杀效果更好。

（二）平抽球

1.正手平抽球（图6.3.20）：左脚在前，右脚在后，双脚平行站立稍宽于肩，重心在双脚间，正手握拍举于右肩前。击球前，右脚稍向右侧迈出一小步，上体稍向右侧倾斜，右臂向右侧上摆，球拍随着上举，前臂稍后摆同时外旋，手腕从稍外展至后伸，将球拍引至后下方。击球时，前臂迅速内旋向右侧前方挥动，带动手腕后伸直闪腕，手指握紧拍柄，发力挥拍击球。击球后，球拍顺势向左侧摆，左脚往左前跟进一步，还原成击球准备动作。

2.反手平抽球（图6.3.21）：击球准备动作与正手抽球动作相同。击球前，右脚前交叉在左侧前，身体稍向左转，前臂屈肘后引，肘部稍上抬。前臂内旋，手腕外展，将球拍引向左侧。击球时，前臂往前挥拍的同时外旋，手腕由外展到伸直至内收闪腕，击球瞬间，手指紧握拍柄，拇指前顶，使球拍迎击球托的后底部。击球后，球拍顺势挥至右侧，随后还原成击球准备动作。

图6.3.20 正手平抽球

图6.3.21 反手平抽球

3.常见错误动作

（1）发力不充分。引拍时，由于肘部位置未上抬，导致前臂后摆不够充分，难以取得向前挥拍的最长工作距离，发力欠佳。

（2）重心太高，导致回球过网太高，容易造成被动。

（3）正反变拍能力差，失去下一拍抢前点抽球的时机，导致回球质量不佳。

4.练习方法

（1）对墙抽球练习。一人站在一面平整的墙面前，距离墙面大概2～3米，进行练习。

（2）定点多球练习。一般有三种方式，即正手抽球练习、反手抽球练习和正反手抽球练习。注意在练习中，喂球者要根据练习者掌握的技术水平合理控制喂球的球速以及出球的线路。

（3）两人平抽练习。在练习中尽可能抢前抢高去迎击球，回球线路尽量与网平行。根据来球变化，利用小碎步调整击球位置以及灵活变换正反手握拍方式。为提高练习的有效性和连续性，掌握主动一方的练习者不要抽压太狠。

（三）快挡球

1.正手快挡球（图6.3.22）：双脚左右开立，面对球网，重心降低，右手屈肘持拍上举于体前，左手自然屈肘置于体侧。击球前，移动跨步的同时持拍手以肩为轴，手臂屈肘后引，前臂向后外旋回环带动手腕伸展引拍。击球时，主要以拇指和食指控制拍面，借助来球的力量回击球，使球以低弧线越过球网，落至对方前场区域。为提高回球速度，击球拍面多以切击为主。击球后，迅速收拍的同时，右脚回撤一步，呈击球准备姿势。

2.反手快挡球（图6.3.23）：双脚左右开立，面对球网，重心降低，右手屈肘持拍上举于体前，左手自然屈肘置于体侧。击球前，移动跨步的同时持拍手以肩为轴，上臂带动前臂内旋回环引拍，向来球方向伸出。击球时，以反拍面对准来球，主要靠拇指和食指控制拍面向前推送，击球瞬间手指突然紧握拍柄，将球以与网齐平的飞行轨迹挡至对方前场区域。击球后，制动前臂，将球拍收于体前呈击球准备姿势。

图6.3.22　正手快挡球

图6.3.23　反手快挡球

平抽、快挡的技术特点和要求：球的飞行速度快，要求前臂的摆速和手腕的闪动也要快；球的飞行弧线比较平直，球过网顶后便稍往前下方飞行，因此，击球瞬间的拍面角度要掌握好；在连续平抽、平挡时，每击球一次，都要及时跟进，力争击球点高，以保持主动进攻；在双方坚持对攻时，要敢于适时地突然改变方向和落点，迫使对方被动回击球。

3.常见错误

（1）发力不顺畅。引拍时，肘关节太贴近身体，发力时容易抬肘，从而导致发力不顺。

（2）击球点位置不佳。初学者在练习或实战中，击球点偏后或太贴近身体都不利于形成高质量的回球。

（3）手臂动作太大，导致回球的飞行轨迹偏高，落点偏后，球速较慢。

4.练习方法

（1）定点多球练习。一人在中场附近“喂”定点多球给练习者，练习者根据来球，采用正手或反手练习快挡技术。喂球者要根据练习者的水平控制喂球的速度和频率。

（2）一攻一防练习。一人在中前场采用平抽快挡技术封网，陪练站位于中场稍靠后的位置，采用低手位抽挡防守。

（3）对墙抽球练习。一人站在一面平整的墙面前，采用抽挡技术进行对墙抽球的练习。

【课后自我评价】

评价内容	等级				
能够熟知中场各个击球技术的动作要领	1	2	3	4	5
能够正确完成中场各个击球动作	1	2	3	4	5
能够准确把握中场各个击球动作的力度	1	2	3	4	5
在实战中能够灵活运用中场各个击球技术	1	2	3	4	5

四、后场击球技术

（一）后场高手位击球

1.高远球

高远球是后场基本技术之一。高远球指将球打得高而远，球飞至对方底线上空垂直落到有效场区内。初学者一般都要从学打高远球开始，而且一定要学好打高远球。

高远球击球有正手、头顶、反手击直线和对角线高远球。

（1）正手高远球（以右手持拍为例）

动作要领：在右后场区击球的位置上，左脚在前，右脚在后，稍屈膝，侧身对网，重心在右脚前脚掌上，左手自然上举，头抬起注视来球，右手持拍于身体右侧。击球前，重心下降准备起跳，起跳的同时右臂后引，胸舒展。当球落至额前上方击球点时，持拍手肘部上提，前臂外旋，以肩为轴做回环引拍动作，手腕充分伸展，拍头自然后倒，随后前臂急速内旋往前上方挥动，手腕向前闪动发力（手指由松突然握紧球拍）击球托的后部，球即朝直线方向飞去，若手腕控制拍面击球托的右侧下部，球则向对角方向飞行。击球后，手臂随惯性自然回收至胸前（图6.3.24）。

图6.3.24 正手高远球

（2）头顶高远球（以右手持拍为例）

由于来球是飞往左后场区，击球点应选择在头顶部位。

头顶击直线高远球：准备姿势和动作要领基本与正手击高远球相似。击球前要求上体稍向左倾斜，稍弓身后仰，以便更好地发力。击球时，肘部上提，挥拍使球拍由右后绕过头顶，前臂向前上方经内旋带动手腕突然屈收闪动发力，击球托的后部，球则飞向直线方向（图6.3.25）。

头顶击对角高远球：握拍稍有改动，即用拇指和食指向左捻动拍柄，使虎口对准拍柄靠外的小棱边，球拍仍由右后绕过头顶。击球时，前臂向右前方内旋带动手腕屈收闪动发力，击球托的左后部。击球后，由于前臂内旋明显，惯性作用大，手臂自然往前摆动。回收球拍时，前臂稍外旋，将拍置于胸前。

图6.3.25 头顶高远球

（3）反手击直线高远球

动作要领：右脚前交叉跨到左侧，身体转成背对网，重心在右脚上，球拍引至左肩上方。挥拍时，肘关节往右上抬起，前臂自然向下。击球时，以肘为轴，自下而上地甩动前臂，拇指内侧用力顶住拍柄，闪动发力击球。击球后，转身，手臂回收至胸前（图6.3.26）。

初学者对打到左后场区的高远球用反手回击是比较困难的，因为反手高远球对步法、全身协调发力以及手腕爆发力的要求都比较高。

图6.3.26　反手击直线高远球

（4）常见错误

握拍错误：根据不同类型的来球，采用了错误的握拍方法，导致发力动作错误。

侧身不够：初学者由于动作速度较慢，急于迎击球，常会出现侧身不够或不侧身击球的情况，因此动作不规范，发不出力，球打不远。

击球点不到位：肘部位置未抬起或肘尖方向未朝向来球，导致击球点偏低、偏后或偏右。

发力错误：蹬转时脚尖超前，导致髋部无法带动发力，造成发力不完全；或因没有前臂内旋发力，无法体现最后力量的爆发。

（5）练习方法

分解动作挥拍练习（无球状态）。

完整动作挥拍练习（无球状态）。练习者按完整动作进行原地挥拍练习。在练习时，可根据环境以及学生身高等条件标定相应的击球点。

蹬转发力击球挥拍练习（无球状态）。蹬转发力击球挥拍练习能让练习者充分体会力由下而上传导的过程以及力的完整性，是衔接有球练习不可或缺的一种无球练习方式。

定点球练习：通过固定线路及落点，降低初学者击球的难度，帮助初学者找准击球点，形成规范发力击球动作。

对击高远球练习：当练习者具有一定的击球稳定性后，可选择对击高远球的方式进行练习。

2. 吊球

将对方击来的高球从后场轻击、轻切或轻劈到对方的网前区，叫作吊球。按球飞行的弧线和击球动作的不同分为劈吊、拦截吊和轻吊（包括正手、头顶和反手吊球）。

【知识拓展】劈吊击球前动作和打高球、杀球相似，击球时用力较轻，带有劈切动作，落点一般离网较远。拦截吊击球通常是把对方击来的平高球拦截回去，其特点是落点离网较近，击球时拍面正对来球，当拍面和球接触时，只要轻轻拦切或点击，球即以较平的弧线、较慢的速度越网垂直下坠。轻吊击球前动作和打高球相似，落点离网较近，击球时拍面正对来球，在接触球的一瞬间，突然减速轻点或轻切来球，使球刚过网即下坠。

（1）正手吊球

动作要领：与正手高远球技术动作相似，不同的是击球点的位置和击球时的手法。吊球击球点位于右肩前上方，位置比高远球稍前一点。击球时，手腕由伸展到屈收带动手指捻动发力，使球拍向内或向外旋转，由手腕、手指控制力量，以斜拍面“切击”球托后部的右侧或左侧，使球向下过网后快速下落至对方前发球线附近（图6.3.27）。

（2）头顶吊球

动作要领：头顶吊球技术主要应用于左后场区，与正手吊球技术动作相似，不同的是引拍动作和击球动作。引拍时，身体应稍向左倾斜，如果来不及，则可以采取仰面姿势。当球落至头顶或左肩前上方时，用手指推捻拍柄，使球拍向内旋转，以斜拍面向前下方滑动“切击”球托的左侧后部（图6.3.28）。

（3）反手吊球

动作要领：右脚前交叉跨到左侧，身体转成背对网，重心在右脚上，手臂内旋回环引拍，手腕稍有外展，双眼注视来球。当球落至右肩前上方时，肘关节往右上抬起，前臂自然向下。击球时，以肘为轴，自下而上地甩动前臂，手指捻动发力，以稍带前推的动作击球。击球后，转身，手臂回收至胸前（图6.3.29）。

图6.3.27 正手吊球

图6.3.28 头顶吊球

图6.3.29 反手吊球

（4）常见错误

握拍太紧，导致出球效果不佳。

击球拍面控制能力差。吊球主要通过前臂的内旋、外旋来调节击球时拍面的方向，从而准确控制回球的落点。

正手吊球时出现“掉肘”现象，导致回球下网。吊球击球时肘部应该是固定的，击完球之后再随挥即可。

击球点位置错误。击球点位置偏后容易造成回球弧线较高、速度较慢，击球点偏低容易使回球下网。

（5）练习方法

定点球练习：一人发高远球一人吊球，着重体会吊球的手指捻动发力技巧。

挑吊练习：当练习者具有一定的击球稳定性后，可一人挑球一人吊球，进行挑吊组合练习。

吊上网练习：当练习者基本掌握前后移动步法以及挑、放、吊等基本技术后，进行吊上网练习可以提高练习者的吊球技术。

3.杀球

杀球是把高球用力向前下方重压、重切或重“点”击球，球飞行的弧线较直、落地快，对对方的威胁较大。杀球从手法上可分为正手杀球、头顶杀球和反手杀球，从力量上又可分为重杀（杀球力量较大）、轻杀（杀球力量较小）和点杀（力量不大，但速度快，落点近前场），以及长杀（近底线）和劈杀（切劈）等。

（1）正手杀球

动作要领：左脚在前，右脚在后，右手握拍置于胸前，上体收腹、前倾，重心在双脚前脚掌上。击球前，侧身对网，眼睛向上注视来球，呈侧身举拍动作，重心在右脚上，屈膝准备起跳。击球时，持拍手肘部上抬，前臂外旋，以肩为轴做回环引拍动作，手腕充分伸展，拍头自然后倒，左臂随转体动作伸向左侧，当球落至右肩前上方，比击高远球和吊球稍前一点的位置，前臂带动手腕由伸到屈快速闪动，以正拍面向前下方发力压击球，使球自上而下落至对方中后场。击球后，持拍手随惯性向前下方挥动，左手协助保持平衡，起跳脚触地瞬间即向中心位置回动，同时持拍手迅速回收至体前，呈击球准备姿势（图6.3.30）。

（2）头顶杀球

动作要领：与正手杀球技术动作相似，不同的是引拍动作以及击球动作。击球前，身体应稍向左倾斜，如果来不及，则可以采用仰面姿势。击球点在头顶前上方较击高远球和吊球靠前的位置，击球时前臂内旋，带动球拍快速向下方挥动，以拍面与地面夹角小于90度的角度，屈指发力击球（图6.3.31）。

（3）反手杀球

动作要领：右脚前交叉跨到左侧，身体转成背对网，重心在右脚上，手臂内旋回环引拍，手腕稍有外展，双眼注视来球。当球落至右肩前上方时，肘关节往右上抬起，前臂自然向下，以肘为轴，自下而上地甩动前臂。击球时，协调左脚、腰腹、肩部、手臂、手腕发力，击球瞬间握紧球拍，前臂快速外旋，手腕后压。击球后，转身，手臂回收至胸前（图6.3.32）。

图6.3.30　正手杀球

图6.3.31　头顶杀球

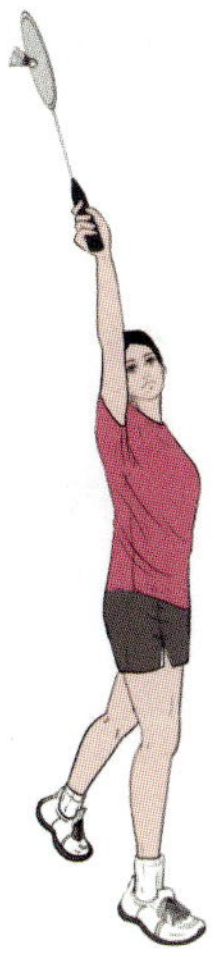

图6.3.32　反手杀球

（4）常见错误

准备杀球时，心理、肌肉过于紧张，造成发力不足。

击球时，压腕不够，球不是向前下疾驰，而是平飞出去。

击球点偏低，手腕下压太多，造成杀球落网。

击球点偏后，不能全身协调用力。

（5）练习方法

掷球练习：练习者持球站在中场位置，模仿杀球动作向前下方掷球。

定点球练习：一人发中后场高球，一人杀球，着重体会杀球时拍面角度控制以及屈指发力技巧。

一攻一防练习：一人杀球，一人接杀挑，着重练习杀与接杀挑技术。

杀上网练习：当练习者基本掌握前后移动步法以及挑、放、杀等基本技术后，进行杀上网练习可以提高练习者的杀球技术。

（二）后场低手位击球

1.后场正手低手位击球

动作要领：后场低手位击球技术也称为被动击球技术，合理运用后场后退步法移动，持拍手自然拉于身后，同时前臂外旋后倒，形成充分的引拍距离，左手自然平举于体后，准备击球（图6.3.33）。

（1）后场正手低手位被动高远球击球动作：前臂迅速内旋，同时加速挥动手腕，右脚跨步着地时，正拍面击打球托后部，将球从低点向上击出。

（2）后场正手被动吊球击球动作：击球点比低手位高远球稍靠后，手肘先固定不动，前臂后摆向前挥动时再用手指控制拍面，手腕以斜拍面仰角切击球托，使球由下至上掉至对方前场区域。

击球结束后，球拍随挥，同时提高身体重心，向场地中心位置回位。

图6.3.33　后场正手低手位击球

2.后场反手低手位击球

动作要领：合理运用后场后退步法移动，持拍手以肩部为轴，前臂内旋引拍，呈背对球网准备击球姿势（图6.3.34）。

（1）后场反手低手位被动高远球击球动作：上臂前臂迅速外旋，运用拇指的顶力，其余四个手指屈指发力，加上身体右转的力量，向前上方挥臂击球，将球从低点向上击出。

（2）后场反手被动吊球击球动作：击球时，手腕由伸展变为屈收发力，手指和手腕控制拍面以及力度，拇指顶住球拍发力，轻击球托左后侧部位，使球由下至上掉至对方前场区域。击球瞬间，手臂要有前送动作，否则容易造成球下网。

击球结束后，球拍随挥，同时提高身体重心，向场地中心位置回位。

图6.3.34　后场反手低手位击球

【课后自我评价】

评价内容	等级				
能够熟知后场各个击球技术的动作要领	1	2	3	4	5
能够正确完成后场各个击球动作	1	2	3	4	5
能够准确把握后场各个击球动作的力度	1	2	3	4	5
在实战中能够灵活运用后场各个击球技术	1	2	3	4	5

第四节　基本步法

步法是羽毛球运动中一项重要的基本技术，流畅、快速的步法配合准确的手法，有利于在运动中获得主动位置，让球更有威胁性。如果缺失了合理的步法，即使手法再好，也不易得分。在实际运动中，要根据运动员在场上的位置、来球的远近以及个人的习惯，选择垫步、并步、交叉步、跨步、蹬步、跳步等步法，进行一步、两步或三步的步法移动去击球。但每次击球结束后，都应快速回到中心位置，便于迎接下一次的来球。根据羽毛球场地区域，步法可分为前场上网步法、中场步法以及后场后退步法。右手持拍者，到位击球时的最后一步，一般都是右脚在前（以下步法示意图中，浅色脚印为左脚，深色脚印为右脚）。

一、前场上网步法

（一）前场正手位上网步法

在右侧前场区域位置的来球称为前场正手位的来球，运动员可选取蹬跨步、蹬跳步、交叉步、垫步等步法向右侧前场区域移动击球。注意前场上网最后一步（除跳步外）应右脚脚跟先落地，脚尖稍向外，以保持身体重心平衡。

1.前场正手位一步上网步法

当来球距离自己较近时，可采用一步上网步法。启动步（原地小跳一步）后，左脚前脚掌内侧蹬地发力。此时，右脚向右前方跨出一大步，称为蹬跨步；右脚向右前方跳出一步，称为蹬跳步。当来球不高，选择挑球、勾对角球、放网、搓球技术时，通常选择蹬跨步；当来球较高，选择推球、扑球技术时，通常选择蹬跳步。击球结束后，右脚前脚掌内侧蹬地，立即退回中心位置（图6.4.1）。

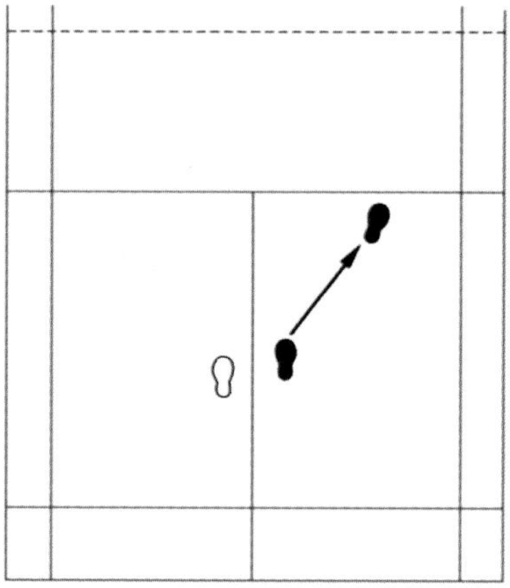

图6.4.1　前场正手位一步上网步法

2.前场正手位两步上网步法

当来球距离自己较远时，可采用两步上网步法。启动步后，左脚向右前方迈进一小步，右脚随即向右前方跨出一大步或跳出一步。击球结束后，右脚立即向中心撤回一步，左脚随即也退一步回位。若两步无法到位，可采用小步法调整（图6.4.2）。

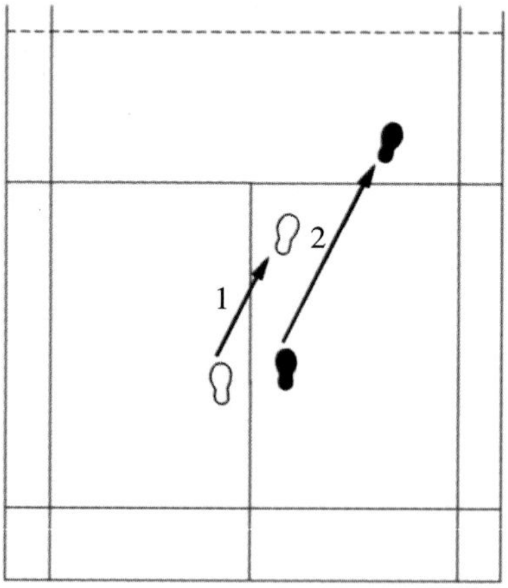

图6.4.2　前场正手位两步上网步法

3.前场正手位三步上网步法

当来球距离自己远时，可采用三步上网步法（图6.4.3）。

启动步后，左脚前脚掌内侧蹬地发力，第一步右脚向右前方迈出一小步，第二步左脚跟进一步并超过右脚形成交叉，第三步右脚向右前方跨出一大步或跳出一步，此步法称为正手位交叉步上网步法。

启动步后，左脚前脚掌内侧蹬地发力，第一步右脚向右前方迈出一步，第二步左脚跟进一步不超过右脚，第三步右脚向右前方跨出一大步或跳出一步，此步法称为正手位并步上网步法。

击球结束后，右脚退回第一步，左脚交叉退回第二步，双脚同时做一小跳步回位。

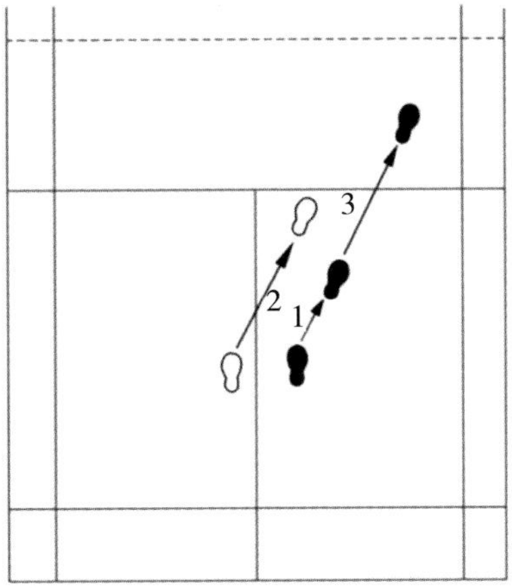

图6.4.3　前场正手位三步上网步法

（二）前场反手位上网步法

在左侧前场区域位置的来球称为前场反手位的来球，可选取蹬跨步、蹬跳步、交叉步、垫步等向右侧前场区域移动击球。注意前场上网最后一步（除跳步外）应右脚脚跟先落地，脚尖稍向外，以保持身体重心的平衡。

1.前场反手位一步上网步法

当来球距离自己较近时，可采用一步上网步法。启动步（原地小跳一步）后，左脚前脚掌蹬地发力。此时，右脚向左前方跨出一大步，称为蹬跨步；右脚向左前方跳出一步，称为蹬跳步。当来球不高，选择挑球、勾对角球、放网、搓球技术时，通常选择蹬跨步；当来球较高，选择推球、扑球技术时，通常选择蹬跳步。击球结束后，右脚前脚掌蹬地，立即退回中心位置（图6.4.4）。

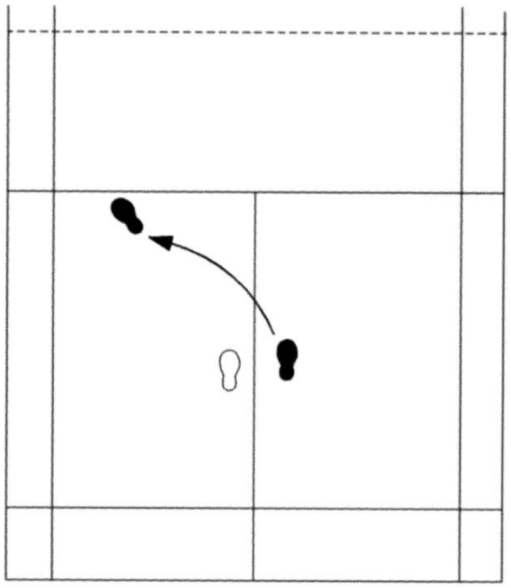

图6.4.4　前场反手位一步上网步法

2.前场反手位两步上网步法

当来球距离自己较远时，可采用两步上网步法。启动步后，左脚向左前方迈进一小步，右脚随即向左前方跨出一大步或跳出一步。击球结束后，右脚立即向中心撤回一步，左脚随即也退回一步回位，若两步无法到位，可采用小步法调整（图6.4.5）。

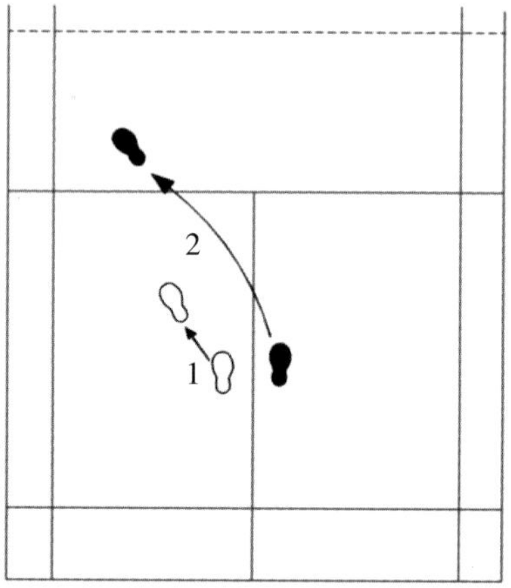

图6.4.5　前场反手位两步上网步法

3.前场反手位三步上网步法

当来球距离自己较远时，可采用三步上网步法（图6.4.6）。

启动步后，左脚前脚掌蹬地发力，第一步右脚向左前方迈出一小步，第二步左脚跟进一步并超过右脚形成交叉，第三步右脚向左前方跨出一大步或跳出一步，此步法称为反手位交叉步上网步法。

启动步后，左脚前脚掌蹬地发力，第一步右脚向左前方迈出一小步，第二步左脚跟进一步不超过右脚，第三步右脚向左前方跨出一大步或跳出一步，此步法称为反手位并步上网步法。

击球结束后，右脚退回第一步，左脚交叉退回第二步，双脚同时做一小跳步回位。

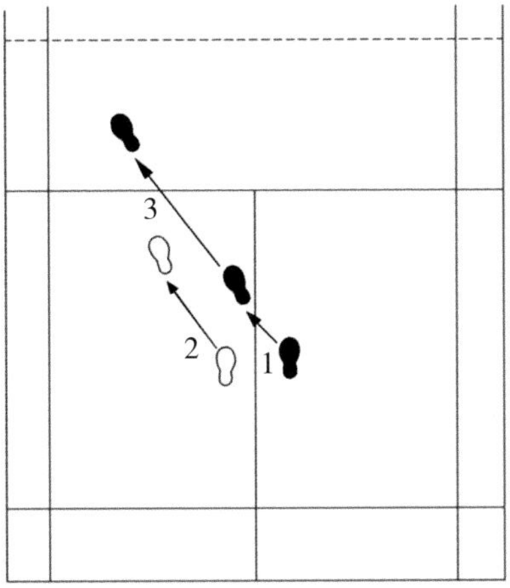

图6.4.6　前场反手位三步上网步法

二、中场击球步法

（一）中场正手位击球步法

由场地中心位置向右侧移动的步法称为中场正手位击球步法。中场正手位击球步法主要是完成接杀球、接对方平射球的步法，可分为一步击球步法和两步击球步法。

1.中场正手位一步击球步法

当来球在身体右侧且距离自己较近时，可采用中场正手位一步击球步法。该步法可分为一步蹬跨步击球步法和一步蹬跳步击球步法。

一步蹬跨步击球步法（图6.4.7）：启动步后，左脚前脚掌内侧蹬地发力，同时身体向右转90度，面对来球，右脚向右侧来球方向跨出一大步。此步法可用于接杀球。

一步蹬跳步击球步法（图6.4.8）：启动步后，右脚向右侧移动一小步，右脚落地的同时蹬地发力，向右侧来球方向跳起。当来球角度较高时，可用此步法。

击球结束后，右脚蹬地发力退回第一步，左脚随即退回第二步，小步法调整回位。

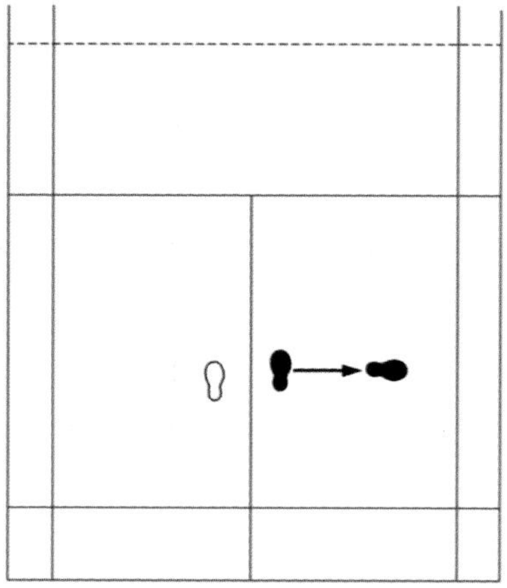

图6.4.7　中场正手位一步蹬跨步击球步法

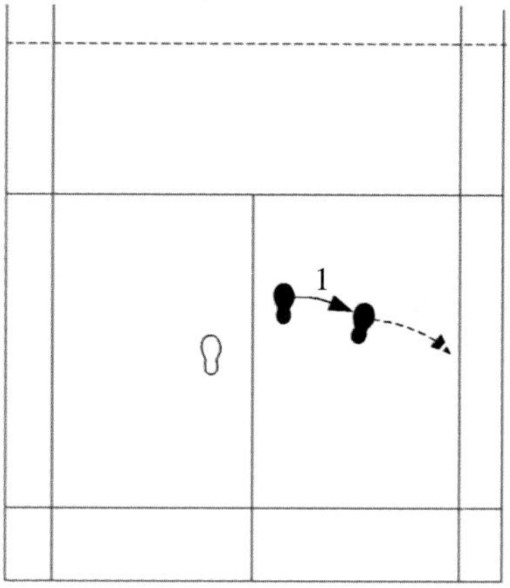

图6.4.8　中场正手位一步蹬跳步击球步法

2. 中场正手位两步击球步法

当来球在身体右侧且距离自己较远时，可采用中场正手位两步击球步法。启动步后，左脚蹬地向右脚迈出一小步，同时身体向右侧转体90度，面向来球方向，右脚向来球方向跨出第二步。击球结束后，右脚蹬地退回第一步，左脚退回第二步，小步法调整（图6.4.9）。

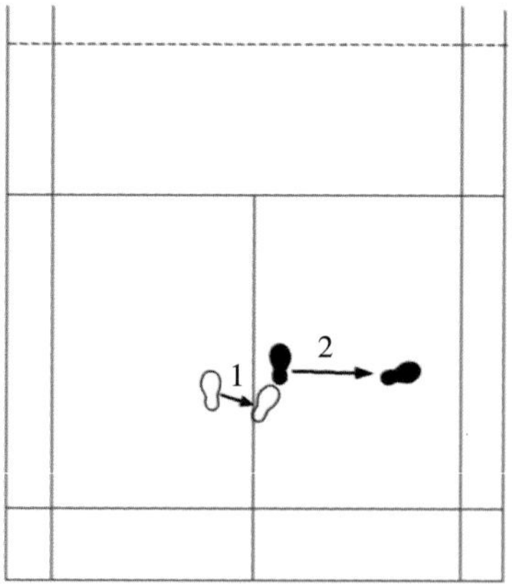

图6.4.9　中场正手位两步击球步法

（二）中场反手位击球步法

由场地中心位置向左侧移动的步法称为中场反手位击球步法。该步法主要是完成接杀球、接对方平射球的步法，可分为一步击球步法和两步击球步法。

1.中场反手位一步击球步法

当来球在身体左侧且距离自己较近时，可采用中场反手位一步击球步法。该步法可分为一步蹬跨步击球步法和一步蹬跳步击球步法。

一步蹬跨步击球步法（图6.4.10）：启动步后，右脚前脚掌内侧蹬地发力，同时身体向左转90度，背对来球，右脚向左侧来球方向跨出一大步。此步法可用于接杀球。

一步蹬跳步击球步法（图6.4.11）：启动步后，左脚向左侧移动一小步，左脚落地的同时蹬地发力，向左侧来球方向跳起。当来球角度较高时，可用此步法。

击球结束后，右脚蹬地发力退回第一步，左脚随即退回第二步回位。

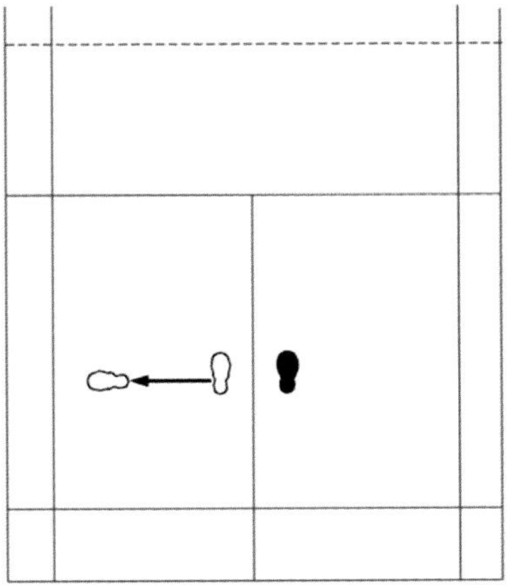

图6.4.10　中场反手位一步蹬跨步击球步法

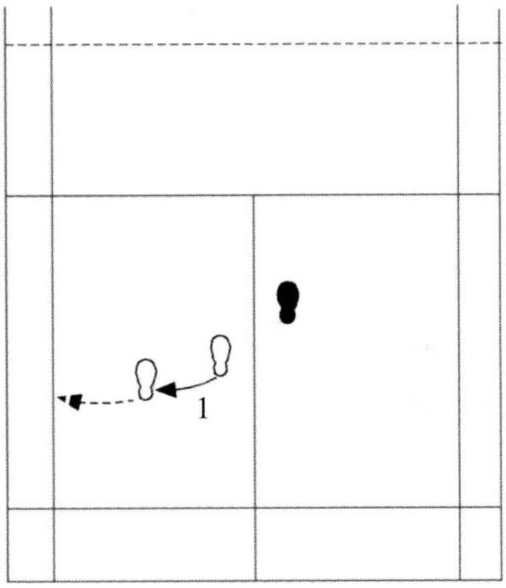

图6.4.11　中场反手位一步蹬跳步击球步法

2.中场反手位两步击球步法

当来球在身体左侧且距离自己较远时，可采用中场反手位两步击球步法。启动步后，左脚蹬地向左侧迈出一小步，同时身体向左侧转体90度，背对来球方向，右脚向来球方向跨出第二步。击球结束后，右脚蹬地退回第一步，左脚退回第二步，小步法调整（图6.4.12）。

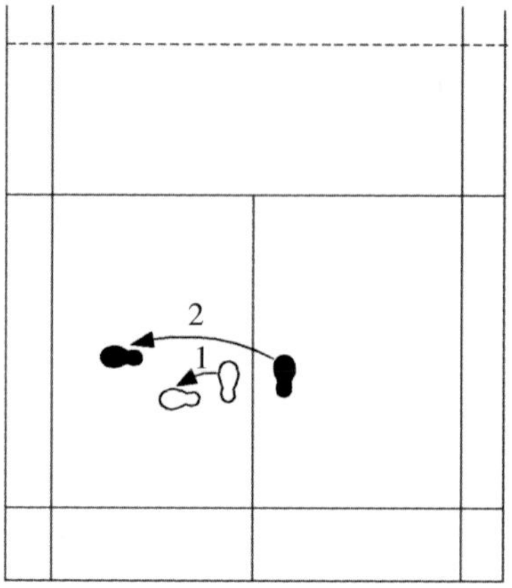

图6.4.12 中场反手位两步击球步法

三、后场后退步法

（一）后场正手位后退步法

当来球在身体右侧且靠近后场区域时，可采用后场正手位后退步法。该步法可分为正手位并步后退步法、交叉步后退步法。

1.后场正手位并步后退步法

启动步后，左脚前脚掌内侧蹬地发力，同时身体转髋，侧身面向来球方向，右脚向右后侧方侧身退第一步，紧接着左脚并一步靠近右脚，右脚再向右后侧方跨出一步或跳出一步，呈左脚在前、右脚在后、侧身对网的击球准备动作。击球结束后，脚落地的同时左脚向右脚并一步，左脚交叉迈回第二步回位，小步法调整（图6.4.13）。

2.后场正手位交叉步后退步法

启动步后，左脚前脚掌内侧蹬地发力，同时身体转髋，侧身面向来球方向，右脚向右后侧方侧身退第一步，紧接着左脚退第二步超过右脚形成交叉，右脚再向右后侧方跨出一步或跳出一步，呈现左脚在前、右脚在后、侧身对网的击球准备动作。击球结束后，脚落地的同时左脚向右脚并一步，左脚交叉迈回第二步回位，小步法调整（图6.4.14）。

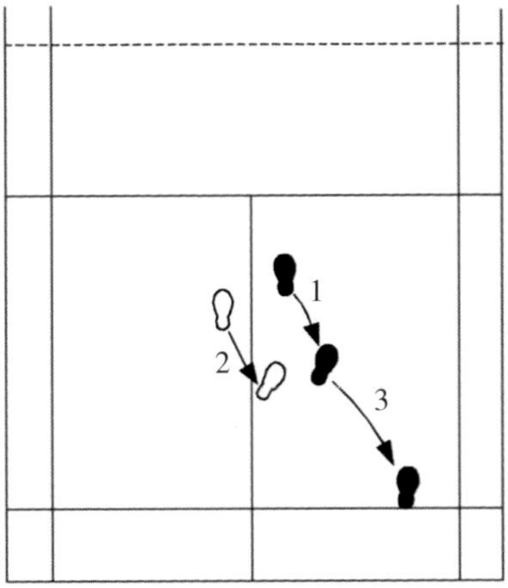

图6.4.13 后场正手位并步后退步法

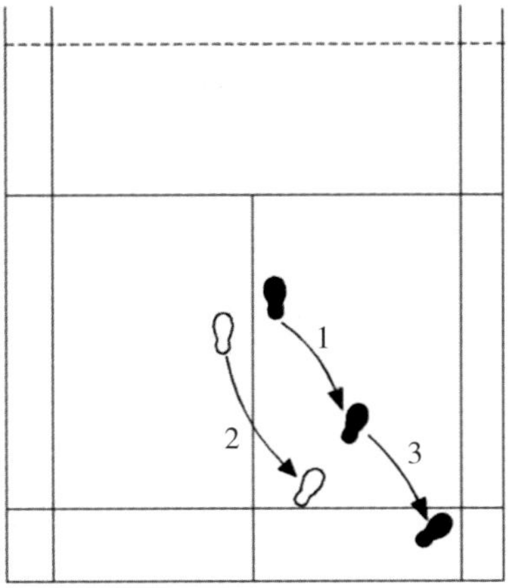

图6.4.14 后场正手位交叉步后退步法

（二）后场头顶后退步法

后场头顶后退步法可分为头顶并步后退步法和交叉步后退步法。

1.后场头顶并步后退步法

启动步后，左脚前脚掌内侧蹬地发力，髋关节及上体在迅速向左后场区转动的同时，右脚向后退一步，左脚跟进并一步靠近右脚，右脚再向后退一步或跳一步，呈现左脚在前、右脚在后、侧身对网的击球准备动作。击球结束后，脚落地的同时左脚向右脚并一步，左脚交叉迈回第二步回位，小步法调整（图6.4.15）。

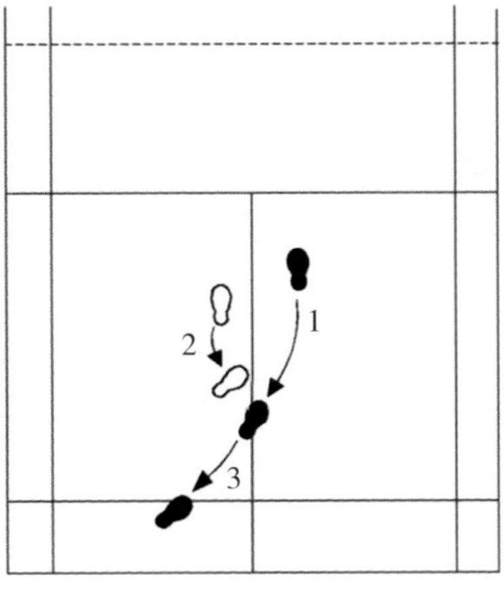

图6.4.15 后场头顶并步后退步法

2.后场头顶交叉步后退步法

启动步后，左脚前脚掌内侧蹬地发力，髋关节及上体迅速向左后场区转动的同时，右脚向后退一步，左脚后退第二步并超过右脚形成交叉，右脚再向后退一步或跳一步，后退时切勿仰面后退，要呈左肩对网的姿态后退，呈现左脚在前、右脚在后、侧身对网的击球准备动作。击球结束后，脚落地的同时左脚向右脚并一步，左脚交叉迈回第二步回位，小步法调整（图6.4.16）。

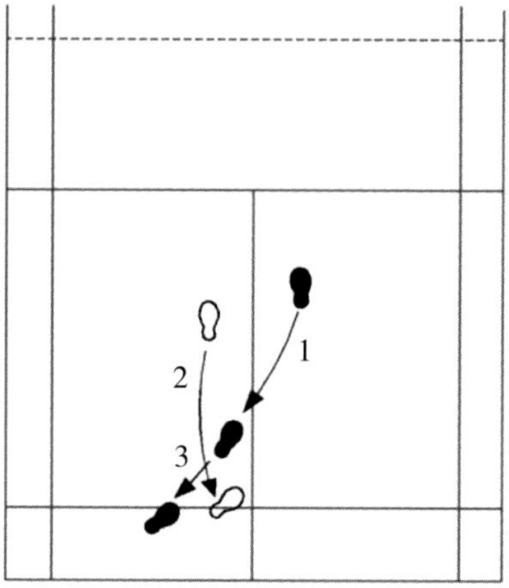

图6.4.16　后场头顶交叉步后退步法

（三）后场反手位后退步法

后场反手位后退步法通常用转身背对网击球的方式处理，可分为两步后退步法和三步后退步法。

1.后场反手位两步后退步法

启动步后，右脚蹬地向左后场区转身的同时，左脚向左后场区迈出第一步，右脚交叉向来球方向迈出第二步，呈现背对网的击球准备姿势。击球结束后，迅速转体，右脚向中心位置回位第一步，左脚交叉第二步回位（图6.4.17）。

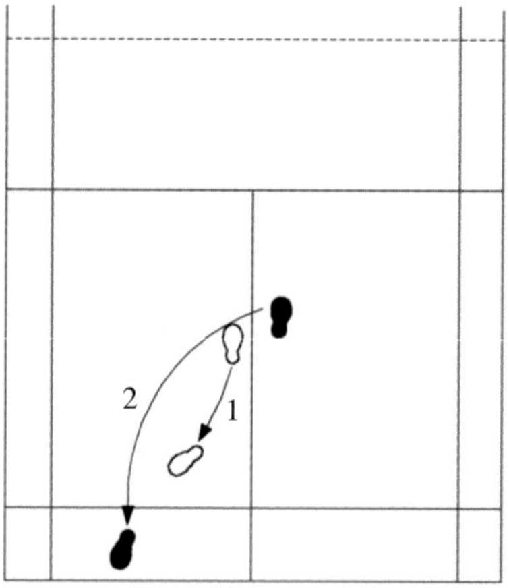

图6.4.17　后场反手位两步后退步法

2. 后场反手位三步后退步法

如果来球距离较远，可采用反手位三步后退步法。启动步后，左脚前脚掌内侧蹬地发力，以左脚为轴心，身体迅速向场地左后方转动，同时右脚迈出第一步，左脚迈出第二步形成交叉，右脚紧接着向来球方向迈出第三步，呈背对网的击球准备姿势。击球结束后，迅速转体，右脚向中心位置回位第一步，左脚交叉第二步，右脚再交叉一步回位（图6.4.18）。

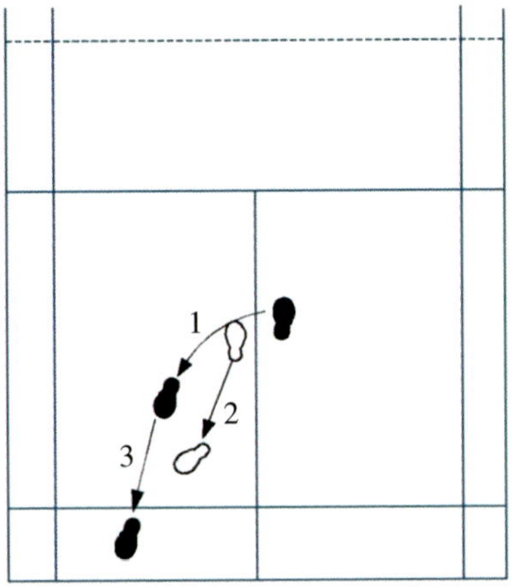

图6.4.18　后场反手位三步后退步法

【课后自我评价】

评价内容	等级				
能够准确完成场上步法	1	2	3	4	5
能够衔接各场区步法	1	2	3	4	5
能够不用思考便可正确跑出各场区步法	1	2	3	4	5
能够将步法与击球动作完美结合	1	2	3	4	5

第七章

羽毛球比赛战术

■导　　引　羽毛球比赛战术是运动员根据对手和自身特点，选择合适的技术策略，发挥优势以战胜对手，主要分为单打和双打战术，包括发球抢攻、拉吊突击、防守反击、打对角等。

■学习目标　熟悉羽毛球单打、双打的基本战术，熟练掌握其对应的练习方法。

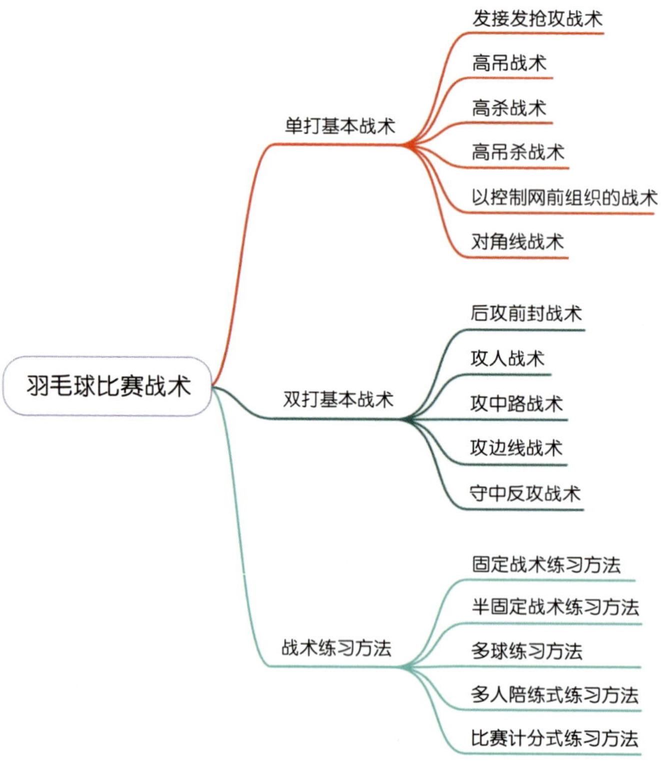

第一节 单打基本战术

一、发接发抢攻战术

抢攻是指在拉吊相持过程中，在对方充分准备前抢先发起的组合进攻。发球抢攻是指发球后的第三拍进攻。接发球抢攻是指接发球直接进攻和接发球后的第四拍进攻。发接发抢攻战术丰富，其关键是能够敏锐地察觉出对手出球的细微瑕疵，并快速抓住转瞬即逝的攻击点。使用此战术时，要根据场上对方的状态、位置、优缺点灵活选择发接球技术。

【知识拓展】发球抢攻战术——林丹VS李宗伟，2012年伦敦奥运会。发球者是李宗伟，接发球者是林丹。李宗伟左区发网前小球，林丹放网到李宗伟反手位，李宗伟反手挑对角平高球，林丹（左手拿拍）正手位抽直线球，李宗伟挡网至网前，质量很高，林丹挑球出界，李宗伟得分。

接发球抢攻战术——石宇奇VS金延，2023年苏迪曼杯世界羽毛球混合团体锦标赛。发球者是金延，接发球者是石宇奇。金延左区发网前小球，石宇奇正手放网，金延挑球到对方反手位后场，石宇奇退至后场头顶杀直线球逼近边线得分。

二、高吊战术

高吊进攻战术是后场高远球结合前场吊球的进攻战术。该战术大范围调动对方的跑动，可重复使用来消耗对方的体力，回击高远球时可以选择对方反手位的后场。高吊结合使用时，可以正手后场、反手前场或反手后场、正手前场相结合。

【知识拓展】安赛龙VS桃田贤斗，2020年马来西亚大师赛决赛。在两人相持了60拍拉锯场面后，安赛龙打一个正手高球，桃田贤斗同样回击高球，安赛龙再拉正手直线高球，桃田贤斗后撤底线，以击打高远球的动作突然改变线路，打出了正手劈吊对角得分。

三、高杀战术

高杀进攻战术是后场高远球结合杀球的进攻战术。本方回击后场高远球，对方也起高球回击时，本方既可以采用前场吊球，也可以采用杀球。杀球时，可以判断对方所处的位置，往空当位杀球，尽量靠近底线。对于身材高大且不灵活的对手也可以采用杀近身球的战术。

【知识拓展】戴资颖VS陈雨菲，2020年全英羽毛球公开赛。陈雨菲在网前低点正手勾对角球。此球出乎戴资颖的预料，她稍有迟疑上网，被动选择正手勾对角球。陈雨菲占据网前主动，跳向网前推拨底线。戴资颖快速转身，正手拉高远球，打到对方反手区。此球出乎陈雨菲的预料，她被动选择反手弹拉高远球，但是明显不到位。戴资颖果断反攻，头顶杀对角得分。

四、高吊杀战术

高吊杀进攻战术是高远球、吊球和杀球结合使用的战术。高吊杀结合使用时，既要做好进攻，也要做好防守，尽可能多地调动对方跑动，获得主动地位。应用此战术时，可以根据当时对方在场上的位置或对方的弱点选择使用的技术和回球的方向。

【知识拓展】林丹VS李宗伟，2016年里约奥运会。在林丹多拍高吊结合攻击后，李宗伟打出高远球打破了被动局面。林丹随即转身，对角劈吊网前。李宗伟上网放网，质量很高。林丹挑球至李宗伟正手位，李宗伟劈吊网前，林丹勾对角球，李宗伟挑后场，林丹劈吊对角，李宗伟挑林丹反手后场，但出现失误，质量不高，林丹快速跳起杀对角得分。

五、以控制网前组织的战术

当对方使用击网前球时，本方要具有较好的上网步法，在网前结合使用搓、放、勾、扑以克制对方的进攻。

【知识拓展】陶菲克VS林丹，2006年亚运会。陶菲克在半场放网，林丹上网反手搓球，陶菲克紧跟上网，反手放网，林丹启动跳向网前反手扑球，出现失误，陶菲克推后场得分。

六、对角线战术

无论对方回击什么球，都可以采用对角线进攻战术，攻击对方空当位，调动对方跑动，这对于转体较差和反应较慢的对手来说会产生较好的效果。

【知识拓展】安赛龙VS石宇奇，2023年印度羽毛球公开赛。发球者是安赛龙，接发球者是石宇奇。安赛龙右区发网前小球，石宇奇放网，安赛龙挑对角线球到石宇奇反手位后场，石宇奇杀直线球，安赛龙抽对角线球得分。

【课后自我评价】

评价内容	等级				
能够明确各战术的运用场景	1	2	3	4	5
能够准确完成单打战术	1	2	3	4	5
能够灵活运用单打战术	1	2	3	4	5
能够举一反三形成具有自我风格的单打战术	1	2	3	4	5

第二节 双打基本战术

一、后攻前封战术

两人前后站位准备进攻，当对手回击后场球时，站在后场的运动员就下压回击球，逼迫对手回击网前球，这时站在前场的运动员及时使用前场技术进行封网。这种战术需要两名运动员有良好的配合，站在前场的运动员要具有较好的封网意识，积极准备启动进攻。

【知识拓展】郑思维（男）/黄雅琼（女）VS徐承宰（男）/蔡侑玎（女），2023年全英羽毛球公开赛混双决赛。在多拍后，蔡侑玎被动上网挑对角球，郑思维杀对角球回击蔡侑玎，蔡侑玎被动放网，黄雅琼积极封网，蔡侑玎回球下网失分。

二、攻人战术

攻人战术指将进攻尽可能多地集中在对手相对较弱的一方，迫使另一名对手为救球而露出空当，本方随即抓住机会攻击对方大空当位置得分。通常情况下，双打中总会有较弱的一方，即使两人实力相当，但总是认准一人攻击，也会对另一人的心理产生较大的压力，这时，趁另一人心理状态不佳时猛然进攻也可得分。

【知识拓展】郑思维（男）/黄雅琼（女）VS王懿律（男）/黄东萍（女），2020年东京奥运会混双决赛。郑思维直线吊球到黄东萍区域，黄东萍挑后场对角球，郑思维到位后对角杀球回击黄东萍，黄东萍接杀球下网，郑思维、黄雅琼得分。

三、攻中路战术

当对手平行站位时，可向羽毛球场地中线附近发起攻击；当对手前后站位时，可向中场位置发起攻击。攻中路战术面对配合较弱的对手，会有很好的效果。即使两人配合较好，但面对位于两人中间位置的球，有时也会因为存在“谁击球”或者“我要不要击球”而产生自我怀疑，最终造成两人都不击球或者同时击球，从而导致球落地，本方得分或者回球质量不高为本方再创造进攻的机会。

【知识拓展】蔡赟/傅海峰VS李龙大/郑在成，2011年世锦赛。李龙大右区发后场高远球，蔡赟退至后场直线吊球，质量很高，郑在成被动上网，低手位放网，回球较高，傅海峰积极补位，侧身朝郑在成扑近身球，郑在成被动挡网，傅海峰继续扑球至中线得分。

四、攻边线战术

当对手起高球或回球较高时，本方可根据球的高球选择杀球、扑球或推球，朝边线进攻。由于杀、扑、推球速度极快，对对手的反应速度、步法移动考验极高，容易造成回球质量不高或接不到球，这时，本方很容易得分。

【知识拓展】王昶/梁伟铿VS阿山/亨德拉，2023年全英羽毛球公开赛。亨德拉前场被动反手平抽回球，角度较高，梁伟铿中场截杀轻吊球回击，亨德拉挑对角球，梁伟铿快速到位，侧身头顶杀边线球得分。

五、守中反攻战术

这种战术主要是通过反复拉后场底线，迫使对手左右移动。此战术也是消耗对手体力的一种方法。本方通过防守伺机进攻，但想要使用这种战术，本方必须具备良好的防守能力，守住对手进攻才可以，同时要具备较好的击球技术，拉后场底线时既要到位也不能出界。

【知识拓展】郑思维（男）/黄雅琼（女）VS渡边勇大（男）/东野有莎（女），2023年马来西亚羽毛球公开赛。郑思维前场挑对角球，渡边勇大直线杀球，郑思维接着挑对角球，渡边勇大侧身仰面被迫平高球回击，黄雅琼立马反手放网前进攻，渡边勇大快速上网并放网回击，黄雅琼高质量挑对角球，渡边勇大到位不及时，被迫抽球回击，郑思维紧接着吊直线球进攻，渡边勇大回球出界，郑思维、黄雅琼得分。

在此球中，郑思维和黄雅琼在反复的挑球中，迫使渡边勇大全场跑动，消耗其体力，并伺机寻求进攻机会。第一次进攻时并未成功，紧接着重复挑球寻求机会，在第二次进攻中成功得分。

【课后自我评价】

评价内容	等级				
能够明确各战术的运用场景	1	2	3	4	5
能够准确完成双打战术	1	2	3	4	5
能够灵活运用双打战术	1	2	3	4	5
能够与队友配合默契	1	2	3	4	5

第三节　战术练习方法

一、固定战术练习方法

（一）高吊战术类

高吊战术类的练习方法有拉直线高远球吊直线（图7.3.1）、拉直线高远球吊对角线（图7.3.2）、拉对角高远球吊直线（图7.3.3）、拉对角高远球吊对角线（图7.3.4）。左右场区都可进行此类练习（以下线路示意图中，实线与虚线分别表示球来自不同的场区）。

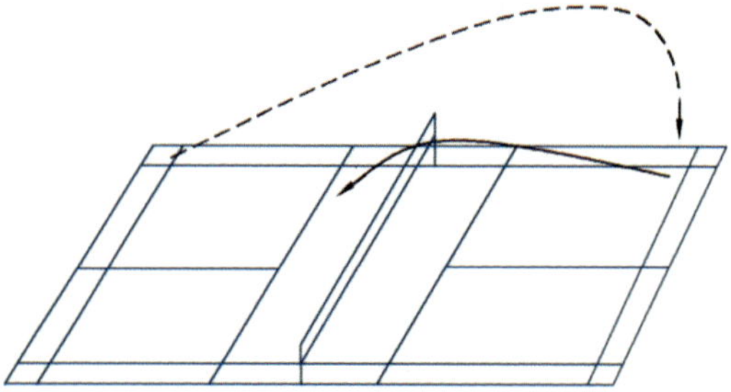

图 7.3.1　直线高远球吊直线

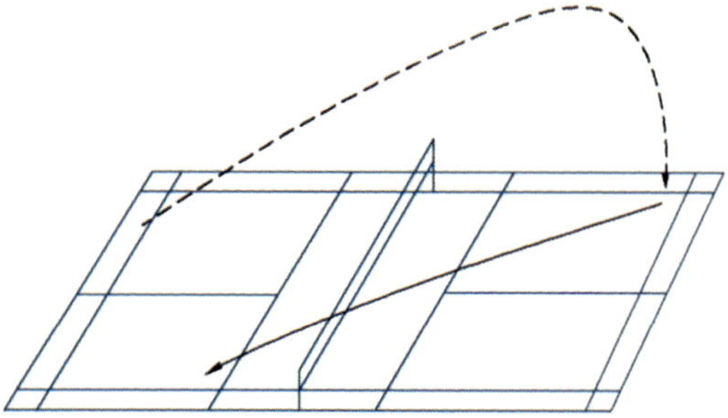

图 7.3.2　直线高远球吊对角线

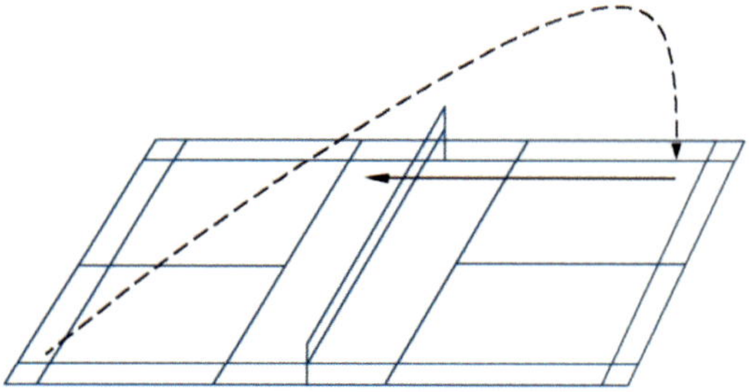

图 7.3.3　对角高远球吊直线

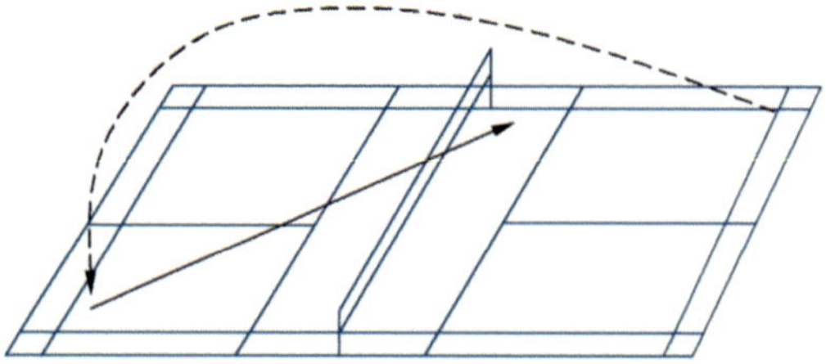

图 7.3.4　对角高远球吊对角线

（二）高杀战术类

高杀战术类的练习方法有拉直线高远球杀直线（图7.3.5）、拉直线高远球杀斜线（图7.3.6）、拉对角高远球杀直线（图7.3.7）、拉对角高远球杀斜线（图7.3.8）。左右场区都可进行此类练习。战术重点：陪练者要给球到位。练习者可重杀、轻杀结合使用，杀斜线时要尽量逼近边线，但不要出界。

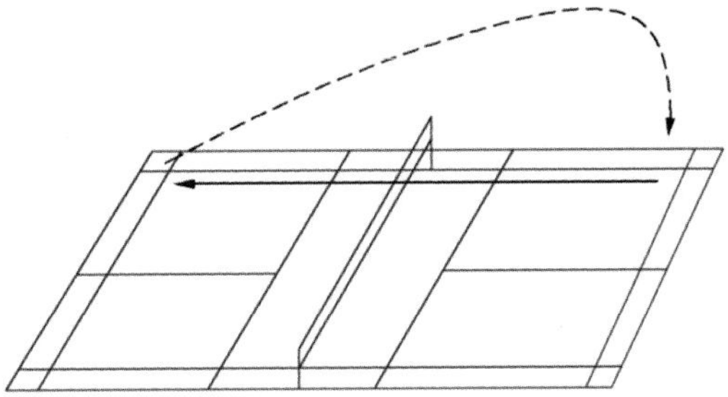

图7.3.5　直线高远球杀直线

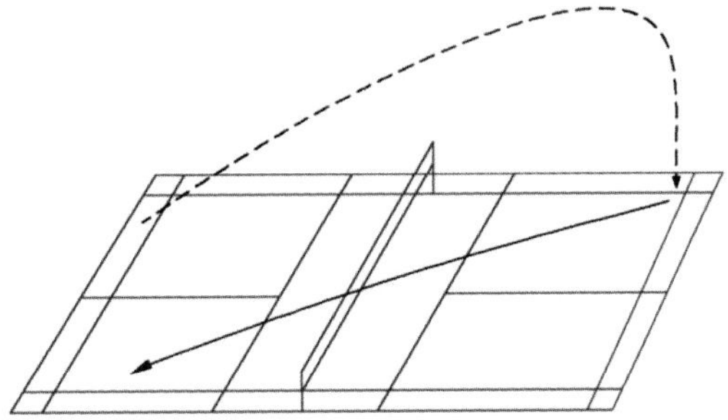

图7.3.6　直线高远球杀斜线

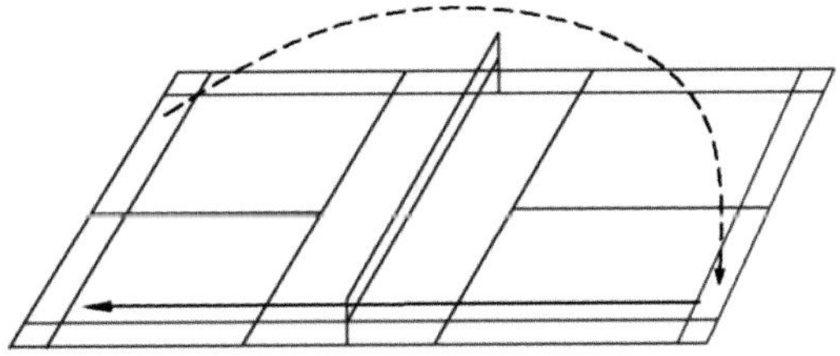

图7.3.7　对角高远球杀直线

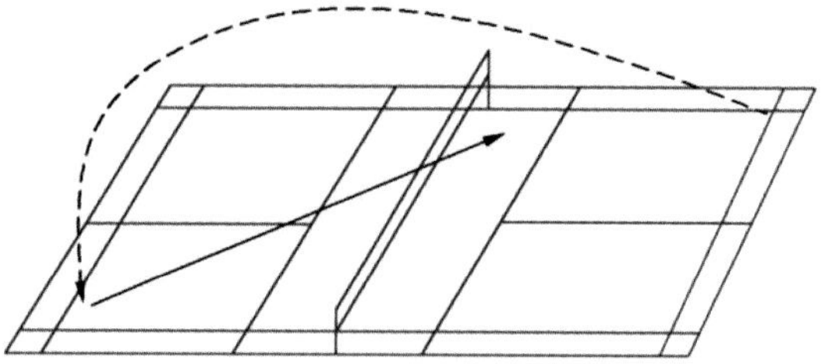

图7.3.8　对角高远球杀斜线

（三）杀上网战术类

接杀球时可采用挡、放、勾、挑来处理，如杀直线网前推对角线（图7.3.9）、杀直线网前搓直线（图7.3.10）、杀直线网前勾对角线（图7.3.11）。左右场区都可进行此类练习。战术重点：陪练者要给球到位。练习者既要注意高质量的杀球，也要注意上网的步法。

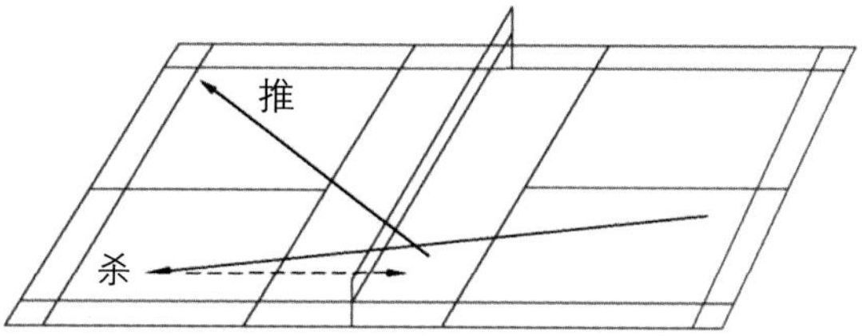

图7.3.9　杀直线网前推对角线

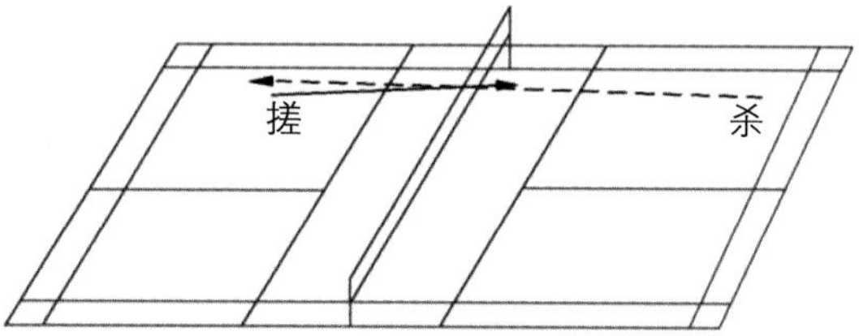

图7.3.10　杀直线网前搓直线

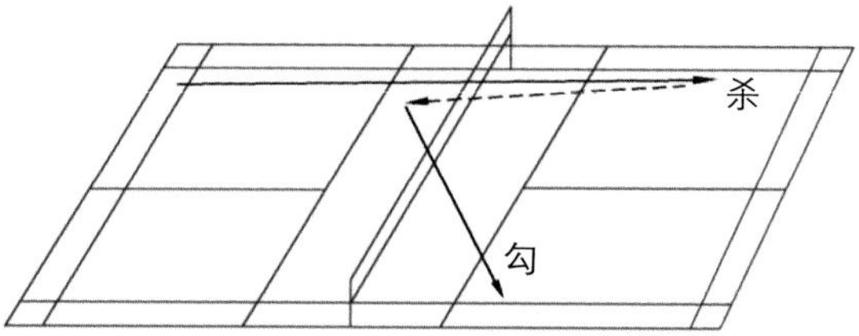

图7.3.11　杀直线网前勾对角线

二、半固定战术练习方法

（一）高吊战术类

练习者只能用高远球和吊球攻击，可不按次序攻击对方的任意位置。陪练者可用高远球和挑球回击对方后场的任意位置。

（二）高杀战术类

练习者只能用高远球和杀球攻击，可不按次序攻击对方的任意位置。陪练者可用高远球和挑球回击对方后场的任意位置。

（三）杀上网战术类

练习者只能用杀球和上网放网攻击，可不按次序攻击对方的任意位置。陪练者可用高远球和挑球回击对方后场的任意位置。

（四）吊上网战术类

练习者只能用吊球和上网放网攻击，可不按次序攻击对方的任意位置。陪练者可用挑球回击对方后场的任意位置。

使用上述四种半固定战术练习方法时，要注意练习者在掌握熟练动作后使用此类方法效果才会更佳。在攻击过程中，练习者既要追求高质量的击球，也要观察对方场上的位置和状态，灵活选择攻击方式和位置，创造主动进攻的机会。

三、多球练习方法

多球练习方法指陪练者使用大量的球，配合练习者重复练习某一技术。多球练习方法针对发球抢攻战术、接发球抢攻战术中关键的发球、接发球技术，有较好的训练效果。同时，面对各个战术中不足的单一技术，也可通过此类练习提高技术。

四、多人陪练式练习方法

（一）二一式练习方法

二一式练习方法是指二人对打一人的战术训练方法。两名陪练者前后站位可以锻炼练习者的防守能力，两名陪练者左右站位可以锻炼练习者的进攻能力。陪练者应注意还击时要符合单打的节奏和速度，不能盲目进攻。练习者在另一场区积极防守，并运用所学的战术寻求进攻时机。

（二）四一式练习方法

四一式练习方法是指四人对打一人的战术训练方法。四名陪练者在一场区进攻，练习者在另一场区防守并伺机进攻。相对于二一式练习方法，此方法的陪练者防守的范围更小且不用轮换，更容易形成高质量的回球，对于练习者移动速度要求更高，反应要更加灵敏，更有利于全方位锻炼练习者的战术意识。

（三）四二式练习方法

四二式练习方法是一种双打战术的练习方法。四名陪练者在一场区进攻，不用换位，只需防守各自区域的来球。两名练习者在另一场区按照双打站位防守并进攻，根据具体情况轮换站位。

五、比赛计分式练习方法

比赛计分式练习方法是模拟比赛的一种练习方法，通过模拟实战比赛加强随机应变的能力，发现自身的不足，并获得实战经验。

【课后自我评价】

评价内容	等级				
能够明确各战术练习方法的运用目的	1	2	3	4	5
能够熟练运用各战术练习方法	1	2	3	4	5
能够根据自身战术不足准确选择战术练习方法	1	2	3	4	5
能够通过战术练习方法提高实战水平	1	2	3	4	5

第八章
羽毛球竞赛规则与裁判法

■导　　引　羽毛球比赛规则是羽毛球运动中为了保证比赛的公平性而制定的一系列规定和限制，主要包括比赛的基本流程、参赛者的资格要求、比赛的胜负机制、比赛中的行为规范、违规行为的处罚措施等内容。

■学习目标　熟练掌握羽毛球规则以及裁判法。

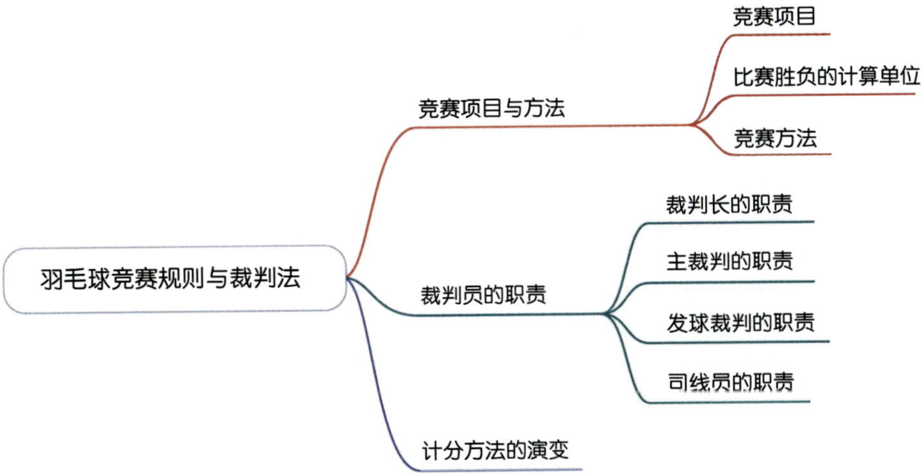

第一节　竞赛项目与方法

一、竞赛项目

羽毛球竞赛项目主要分为单项赛和团体赛两大类。

单项赛项目包括男子单打、女子单打、男子双打、女子双打和混合双打。

团体赛项目包括男子团体、女子团体和男女混合团体。羽毛球团体赛常用的比赛赛制有三场制、五场制和多场对抗赛。三场制是每场羽毛球团体赛由两场单打和一场双打组成。五场制是羽毛球团体赛中最常用的赛制，由三场单打和两场双打组成。在一次性的双边比赛中，经常采用若干场比赛组成的对抗赛，如友好访问比赛、交流比赛等。也有根据特殊需要而定的比赛场数，如全国羽毛球团体锦标赛对抗赛，每场团体赛就由九场比赛组成，称为多场对抗赛。

二、比赛胜负的计算单位

回合：从一次发球开始，至双方到球成“死球”止，为一个回合。

得分：一个回合的胜方得一分并继续发球。

局：女子单打、男子单打和所有双打项目都是以一方先得21分为胜一局。

场：所有项目都采用三局两胜制，即某方连胜两局，或双方各胜一局后，某方再胜决胜局，称为胜一场，获得双方比赛的最终胜利。

三、竞赛方法

参加比赛的运动员（队、对）相互之间按程序轮流比赛一次，称为单循环赛。其特点是参与比赛的所有运动员或运动队相互之间都要进行一次比赛，机会均等。羽毛球比赛的单循环制，其比赛次序采用的是“1”号位固定的逆时针轮转法（以4个队为例）。

第一轮	第二轮	第三轮
1–4	1–3	1–2
2–3	4–2	3–4

参赛人员为单数时，在末位加“0”，遇到“0”队时轮空（以5个队为例）。

第一轮	第二轮	第三轮	第四轮	第五轮
1–0	1–5	1–4	1–3	1–2
2–5	0–4	5–3	4–2	3–0
3–4	2–3	0–2	5–0	4–5

但是，当在一组循环赛中有两人（对）来自同一运动队时，比赛的次序应该进行适当调整。世界羽毛球联合会通常采用的方法是：同一参赛队的运动员必须最先相遇进行比赛，以避免同队的队员在比赛中出现假球的现象。

【课后自我评价】

评价内容	等级				
能够熟知运动竞赛项目与方法	1	2	3	4	5
能够灵活运用各竞赛方法	1	2	3	4	5
能够独立组织一场比赛	1	2	3	4	5

第二节　裁判员的职责

羽毛球竞赛临场裁判人员由裁判长、临场裁判员和编排记录组三部分组成。其中，裁判长包括裁判长和副裁判长，临场裁判员包括主裁判、发球裁判、司线员和记分员，编排记录组包括编排记录组长和组员。

一、裁判长的职责

裁判长的职责包括：对规则和竞赛规程的解释做出最后决定，确保比赛公平、顺利进行，全面管理竞赛。

（一）裁判长在赛前的工作

1.阅读本次比赛的竞赛规程与文件。

2.了解比赛概况。了解参赛人（对）数，核算比赛的轮数、场数和可以使用的场地数，以及比赛的天数和时间。

3. 了解竞赛的相关部门情况及人员的联系方式。
4. 核查抽签、竞赛编排等有关情况。
5. 检查场地、设备、器材是否符合要求。
6. 检查运动员检录处。
7. 检查比赛用球。
8. 召开裁判长、领队和教练员的联席会议。
9. 召开全体裁判员会议。
10. 召开全体司线员会议。
11. 对编排记录长提出要求。
12. 会见医生并提出配合要求，了解运动员在比赛中受伤时的处理方法。

（二）裁判长在赛中的工作

裁判长在比赛开始前要到达比赛场地，以便进行全面的检查。

1. 检查场地和器材。
2. 测试球速。
3. 召开裁判工作准备会，宣布当天的裁判工作分配情况。
4. 检查各岗位人员到岗情况。
5. 宣布比赛开始。
6. 注视比赛的进行情况。
7. 接受和处理申诉。
8. 处理场地受伤情况。
9. 处理对比赛用球速度的申诉。
10. 考察裁判员的工作。
11. 审核主裁判的计分表。

（三）裁判长在赛后的工作

裁判长在比赛结束后，应写好裁判员的考核鉴定以及裁判工作小结。

二、主裁判的职责

每场比赛由裁判长指派一名主裁判主持比赛，并管理该场地及其周围的工作，比赛时坐在场外网柱旁的主裁判椅上，执行竞赛规则的有关条款。主裁判在裁判长的领导下工作，并对裁判长负责。

1. 及时地宣判“违例”或“重发球”，并随时在记分表上做相应的记录。
2. 应在下一次发球前对申诉作出裁决。
3. 应使运动员和观众了解比赛的进程。

4.可与裁判长进行磋商，安排、撤换司线员和发球裁判。

5.纠正司线员明显的错判和误判。

6.当临场裁判员不能作出判断时，由主裁判执行其职责或判“重发球”。

7.有权暂停比赛。

8.应记录与比赛连续性、行为不端及处罚等有关情况，并向裁判长报告。

9.执行其他缺席裁判员的职责。

10.应将所有与规则有关的申诉提交给裁判长。

三、发球裁判的职责

发球违例的判定是羽毛球临场裁判员工作中的难点，常易引起比赛双方的争议。为此，在临场执裁中必须做到以下三个一样：对任何运动员（有名与无名、高水平与低水平、熟悉与不熟悉）的“发球违例”判罚尺度一样，从比赛的开始到结束尺度一样，双方比分悬殊时和双方比分接近时尺度一样。

发球裁判通常坐在主裁判对面网柱旁的矮椅上，使视线基本与发球员的腰部持平；根据需要也可以坐在主裁判同侧；在视线被挡而不能看清发球员的发球动作时，可以挪动身体位置，直至能看清发球员的发球动作为止。

“发球违例”的判罚情况：

1.发球违规。在整个发球时间里，发球员的任何一脚踩线、触线或移动，均属违例。当发球员准备开始发球站好位置时，发球裁判就应该注意发球员的任何一脚是否踩线、触线或移动，如果出现，此时还不能宣判，因为发球并未开始，一旦发球员的球拍开始向前挥动，发球裁判不必等到球被击出就应立即宣报“违例”。有些发球员发球时喜欢站位贴近中线，在开始挥拍时脚并未触线，但随着挥拍动作，后脚有一个旋转致使有半个脚明显踩在线上，这是发球脚违例。有的发球员在站好位置后，前脚习惯向前跨出一步后再挥拍，这不应看作脚移动，因为发球并未开始，而一旦发球员的球拍开始向前挥动到发球结束，在这·段时间里，发球员的任何一脚有离地或拖动，就是发球脚违例。

发球裁判宣判发球脚违例时的手势是：用右手指向自己向前伸出的右脚（图8.2.1）。

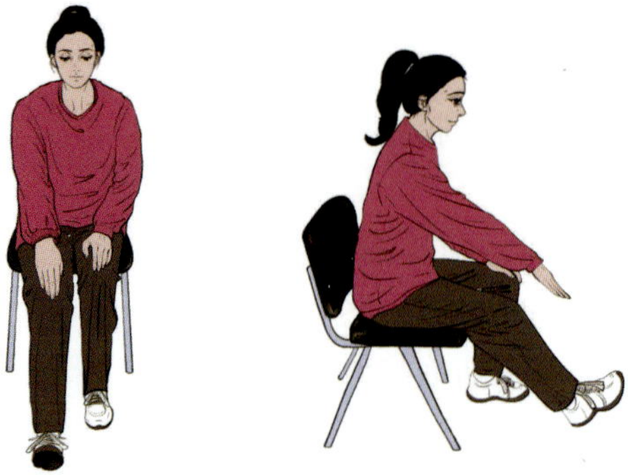

正面　　　　侧面

图 8.2.1　脚违例手势

2. 发球未先击中球托。发球时，球拍与球的最初接触点不在球托上，也就是说，球拍先击中球的羽毛部分或同时击中球的羽毛和球托都为不合法。这条规则的主要作用是限制发球员发旋转飘球。发球时，发球裁判要仔细观看球拍与球的最初接触点是否只在球托上。实际上，有时这是非常困难的，所以发球裁判要借助观看发出球的飞行状态来判断。如果球拍明显是先击中羽毛，应判发球违例。如果从观察中不能非常肯定是否先击中球托，那么发出的球飞行中带有旋转、翻滚就可判违例。如果发出的球飞行弧线正常，就是合法发球。但要注意，如果发球时明显先击中球托，但发出的球飞行时带有旋转或翻滚，则不能判违例。

发球裁判宣判发球时未先击球托的手势是：以左手五个手指做成羽毛球的形状，以右手手掌代表球拍的拍面，然后以右手手掌轻擦左手指尖，表示球拍先击在羽毛上（图 8.2.2）。

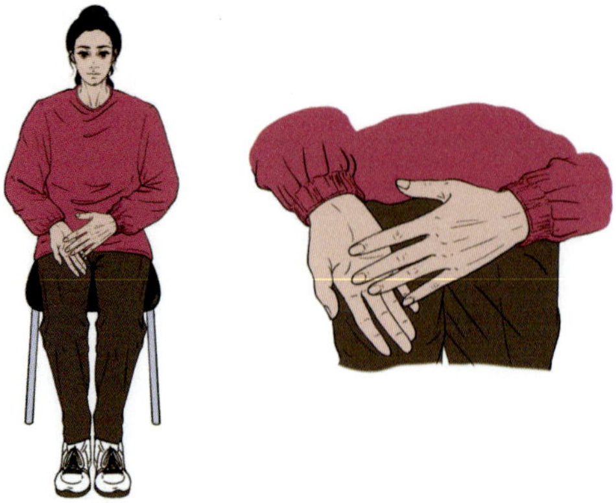

图 8.2.2　末首先击中球托手势

3.发球过腰。发球时，球拍击中球的瞬间，球的任何部分高于发球员的腰部为发球过腰。这一规定主要是不让发球员在高击球点将球平击过去，以免造成对接发球员的威胁。判断球的任何部分是否过腰，首先要知道腰的部位。根据人体解剖学分析，腰部是由第一腰椎到第五腰椎组成的，而第一腰椎大约在人体最低一条肋骨，当击中球的瞬间，球的任何部分如果高于最低一条肋骨的水平线，则应认为是过腰。发球过腰违例，一定是在球拍击中球瞬间才会产生。这里有两种情况值得注意：一是发球员已经开始挥拍，且球也已离开发球员的持球手，而这时球在高于发球员腰部的空中，不属于违例；二是发球员准备发球和挥拍的开始阶段，球保持在低于发球员的腰部，而当快要击中球时，发球员将球迅速上提，在球体超过腰部的高处将球击出，这是明显的发球过腰违例。

发球裁判在宣判发球过腰违例时的手势是：右手抬起，超过腰的高度，肘关节弯曲，前臂平放在胸前（图8.2.3）。

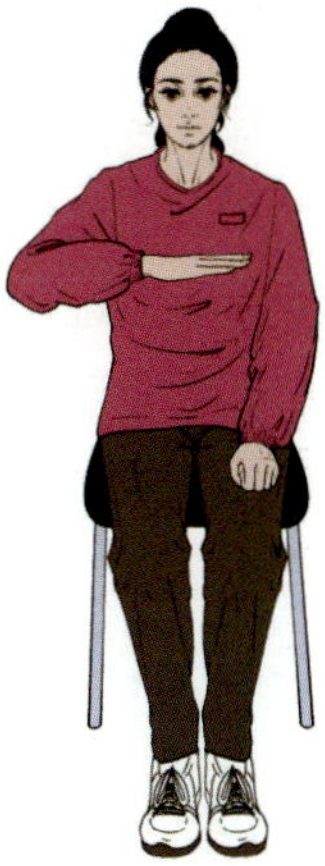

图8.2.3　发球过腰违例手势

4.发球过手。发球时，球拍击中球的瞬间，拍杆未指向下方。这一规定主要是不让发球员用垂直于地面的平拍面发出进攻性的平射球，要求发球员的球拍面只能以向上的方向将球击出，使球以向上的弧线越过球网。判断这一违例时要注意三个方面：一是球拍击中球的瞬间；二是球拍一定要明显低于发球手；三是如果发出去的球飞行弧线是平着射向接发球员的，则判发球过手违例，这一点最为重要。除此之外，发球员发出的高弧线向上飞行的球是不可能过手违例的，而发出向上高弧线飞行的球时过腰违例是有可能的。

发球裁判在宣判发球过手违例时的手势是：右手弯曲，前伸抬举在胸前，手掌代表球拍的拍头，高于整个前臂，表明球拍的拍头高于握拍的手部（图8.2.4）。

图8.2.4　发球过手违例手势

5. 延误发球。发球员的挥拍不是一次性地连续向前将球击出，习惯上称发球假动作。发球员在开始向前挥拍后又改变挥拍方向，或在挥拍的过程中有停顿使对方受骗，这些均属发球违例。在比赛中较多见的情况是：发球员向前挥拍，中途突然停住，接发球员以为是发近网球而身体重心前移，但发球员又突然手腕一抖将球发向后场，使接发球员受骗；发球员在准备发球时，将球拍不停地抖动，幅度有大有小，在对方无准备时将球发出。这些都应判作延误发球违例。

发球裁判宣判延误发球的手势是：以右手做不连续的发球挥拍动作（图8.2.5）。

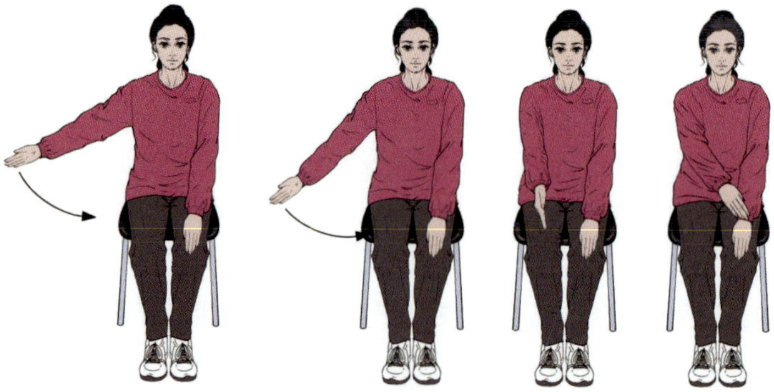

图8.2.5　延误发球违例手势

四、司线员的职责

司线员专门负责查看球在他所负责线段附近的来球落点，并以术语界外、界内以及视线被挡三个手势进行宣判。

1.界内。球落在司线员所负责的线的界内，司线员只伸出右手指向他所负责的线，不宣报（图8.2.6）。

2.界外。无论球落在司线员所负责的线的界外多远，都应立即做出两臂向两边平伸的手势，同时高声报“界外”（图8.2.7）。

3.视线被挡。司线员的视线被运动员挡住，未能看到球的落点，此时应用双手遮住双眼，向主裁判表示自己的视线被挡，不能作出判决（图8.2.8）。

图8.2.6 界内手势

图8.2.7 界外手势

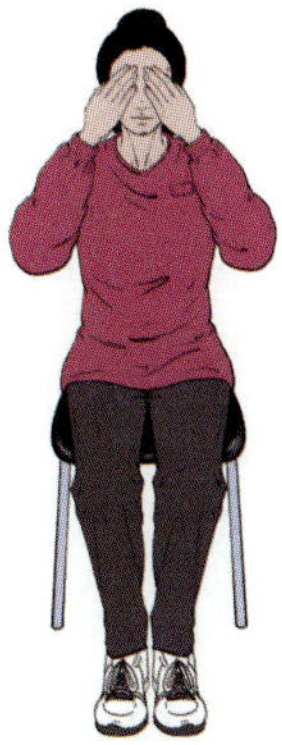

图8.2.8 视线遮挡手势

【课后自我评价】

评价内容	等级				
能够熟知各裁判职责	1	2	3	4	5
能够熟练应用各裁判手势	1	2	3	4	5
能够作为裁判独立执裁一场比赛	1	2	3	4	5

第三节　计分方法的演变

一、1939—1998年每局15分制（女子单打11分）

在计分方法上，采取三局两胜、每局15分（女单11分）的发球得分制。具体内容为：男子双打或单打、女子双打、混双都以每局15分计算胜负，如果双方各得13分产生平分时，先得13分的一方有选择“再赛5分”或不选择加分直接选择一方先得15分赛完的权利；如果双方各得14分出现平分时，则首先获得14分的一方有选择“再赛3分”或按规定（一方先得15分）继续赛完的权利。

关于发球权，比赛开始前，根据抽签法或掷挑边器的结果来选择场地或发球权，但先选的一方只能选择其中一种。

二、1998年取消13分平再赛和9分平再赛规则

以前的计分方法为男单、男双、女双、混双每局15分，当比赛双方遇到13分平时，先获得13分的一方可选择加分赛“再赛5分”或不选择加分赛继续每局打完15分为止；当比赛双方遇到14分平时，先获得14分的一方可选择加分赛“再赛3分”或不选择加分赛继续按每局赛至15分结束。

为了使整个比赛更加顺畅且具有观赏性，1998年世界羽毛球联合会决定对羽毛球竞赛规则进行修改，在两次加分赛中取消“13分平再赛”，女单取消“9分平再赛”。

1998年修改后的计分方法为：在女单比赛中，当比赛双方赛至10分平时，先获得10分的一方可选择加分赛“再赛2分”或不选择加分赛直接赛至11分结束；男单、男双、女双、混双比赛中，当比赛双方遇到14分平时，首先获得14分的一方可选择加分赛“再赛3分”或不选择加分赛继续按每局赛完15分结束，其他计分方法保持不变。

三、2001年每局7分制的实施

羽毛球运动的五个项目都采取发球得分、每局7分的五局三胜制，每局比赛间休整时间最多90秒，在比赛过程中出现“6平”时，可以选择“加分赛”。

如果先获得6分的一方选择加分，则加2分；如果选择不加分，则赛至7分结束，其他规则保持不变。

四、2002年恢复1998年的每局15分制

2002年5月8日，世界羽毛球联合会宣布恢复每局15分制（女单11分制），只有一次加分赛的发球得分制计分方法。

五、2006年每局21分制

2006年5月6日，世界羽毛球联合会在东京举行年度代表大会，每局21分每球得分制被采用并沿用至今。无论双打还是单打，均采用每局21分、三局两胜的每球得分制；双打比赛取消第二次发球，双方各发一次，如果一方的一名球员发球失误，则丢掉1分，发球权也会转到对方手上。每局中，一方先得21分且领先至少2分即算该局获胜，否则继续比赛；若双方打成29分平后，一方领先1分，即算该局获胜。

21分制中，每局增加了中途技术暂停1分钟（当场上比赛的一方先获得11分时，休息1分钟）的规则。除此之外，运动员不可再提出中断比赛的要求（除非需要换球、要求工作人员擦地板或者运动损伤等情况），每局比赛完休息2分钟继续下一局。

【课后自我评价】

评价内容	等级				
能够了解计分方法的演变	1	2	3	4	5
能够熟练应用比赛的计分方法	1	2	3	4	5
能够独立执裁一场比赛	1	2	3	4	5

羽毛球体能素质练习

一、羽毛球专项体能训练的要点

（一）羽毛球专项体能训练的重要性

在羽毛球运动中，对于优秀运动员来说，专项体能尤为重要。羽毛球比赛的双方运动员除了心理素质、战术、技术等方面能力的较量之外，体能上的较量也是非常重要的，这是决定比赛胜负的关键因素之一。因此，一定要重视专项体能训练，要将专项体能训练看作与心理素质水平、技战术水平同等重要的一项内容进行训练。

（二）羽毛球项目对运动员的体能要求

规则中对羽毛球运动场地的面积有具体的规定，整个羽毛球运动是在有限的场地内开展的，这使得羽毛球运动员具有移动距离较短、转向速度较快的特点。因此，运动员在比赛过程中必须保持较高的速度、耐力以及瞬时反应能力，并且能够在场地中快速进行对角、左右以及前后的组合移动。在这一背景下，羽毛球运动员需要结合羽毛球运动实际的技术需求，在训练过程中针对耐力以及速度爆发力进行定点训练。随着新规则的颁布实施，运动员必须具备更强的力量、更快的速度、更好的耐力。

（三）羽毛球体能训练的注意事项

体能训练是为了提高身体的整体功能和运动表现，包括力量、速度、耐力、灵敏性和柔韧性等。在进行体能训练时，需要注意以下几个方面：首先，穿着合适的运动鞋和服装，使用正确的保护装备（如护膝、护腕等），可以提高训练效果并保护身体免受伤害；其次，根据运动员的目标、体能水平和健康状况制订个性化的训练计划，训练强度应该根据个人的体能水平逐渐增加，避免突然增加训练量，以免造成过度疲劳或伤害；最后，始终将安全放在首位。任何时候，如果运动员感到身体不适或环境不安全，应立即停止训练。

二、羽毛球专项力量素质训练

（一）上肢专项力量训练

1.负重哑铃练习

（1）屈臂练习：双脚平行站立，约与肩同宽，两手各持哑铃在体前做屈臂动作，左右手臂交叉进行。屈臂练习可分为正手屈臂练习和反手屈臂练习。

（2）颈后举练习：双脚平行站立，约与肩同宽，背部直立，双手持杠铃片。双臂向上举起杠铃片后，下放到颈后位置，重复该动作。

（3）抽球练习：用哑铃替代球拍，原地做抽球动作，抽球动作可分为正手抽球和反手抽球。

2.挥臂练习

将羽毛球拍头用拍头套或者塑料袋套住，做各种与击球动作相似的练习。

（1）原地正手挑球挥臂练习：挑球姿势站立，做体前前臂屈伸动作，类似于挑球。

（2）肩上前臂屈伸练习：高远球姿势站立，类似于高远球动作中的鞭打动作。

（3）体前手腕绕8字练习：手持球拍，在体前固定位置，以腕关节为轴，做环绕挥动练习。

（二）下肢专项力量训练

1.沙袋负重练习

（1）原地交叉步练习：脚下前交叉和后交叉交替进行。

（2）原地开合跳练习：注意展开落地时，膝关节外展。

（3）双腿收腹跳练习：双脚同时起跳，在空中尽量使大腿部位贴近胸部，下落时腿伸直，重复此动作。

2.跳绳练习

（1）单摇跳绳：始终保持单脚跳动，练习中可利用沙袋适当增加负重。

（2）双摇跳绳：双脚起跳，身体腾空时，手臂快速挥动跳绳两下，练习时可利用沙袋适当增加负重，这种练习方法可以同时发展上下肢的力量。

三、羽毛球专项速度素质训练

（一）上肢专项速度训练

1.快速双摇跳绳练习：1分钟内以最快的速度完成双摇跳，次数越多越佳。

2.快速挥臂练习

（1）手腕快速绕8字练习：持拍手位于体前，以肘关节为轴，手指放松握拍，仅用腕关节完成绕8字练习。

（2）体侧前臂前后挥动练习：上臂置于与肩齐平的高度，以肘关节为轴，仅用前臂前后摆动完成动作。

（二）下肢专项速度训练

1.快速开合跳练习（针对启动速度）：跳起后，双脚有距离地同时落地、并拢落地交替进行。

2.快速弓箭步跳练习（针对前场步法速度）：跳起后，左右弓箭步交替进行，左弓箭步时，左脚脚跟先着地，右脚脚跟不着地，右弓箭步则相反。

3.快速左右转髋练习（针对步法衔接速度）：双脚平行站立，约与肩同宽，左转髋时，左脚脚跟着地，右脚前脚掌着地，右转髋则相反。左右转髋交替进行。

4.深蹲转髋：结合深蹲和髋关节转动的动作，在动作过程中要保持背部挺直，避免弯腰或拱背。

四、羽毛球专项耐力素质训练

1.四方球跑动练习：在前场和后场设置四个点位，各个点位上摆放羽毛球，跑动者依次触摸点位。为了发展耐力，可增加跑动的组数，最大限度地调动下肢运动。

2.耐力跑练习：在操场上进行中长跑练习，如1500米、3000米、5000米，跑动时要保持一定的速度。

耐力素质是在力量素质的基础上发展起来的，除上述耐力素质训练方法外，也可以参考力量素质训练。根据具体情况，以小重量、高频次的方法进行练习，发展耐力力量。

五、羽毛球专项灵敏素质训练

1.绳梯练习

（1）前进小碎步：前脚掌着地，双脚依次落在方格以内，要求轻快、节奏感强，脚踝要有弹性。

（2）双脚分合跳：前脚掌着地，双脚同时跳进方格内，随即分开跳出，再跳入下一格，依次进行。

（3）前二后一小碎步：双脚依次踏入小方格内，前进两格再退一格，依次进行。

（4）前侧并步：以方格内为中线，原则上并步时都要向方格内并步。

（5）侧向前后小颠步：与横梯平行站位，在横梯侧面进行，双脚依次进入方格，再依次退出方格，接着进行下一格练习。

2.步法练习

（1）侧向并步移动：使用并步移动，降低重心，身体略微前倾，起伏不要太大，不要向上跳。

（2）侧向交叉步移动：上半身尽量保持稳定，用髋关节转动，手臂自然摆动，脚下左交叉和右交叉交替进行。

（3）前后并步移动：降低重心，身体略微前倾。后并步时，正手位侧身转体的那一步速度要快。

（4）高抬腿前交叉后外展：前进时做交叉运动，后退时做外展运动。先抬腿，再做交叉和外展动作，后外展时，重心不要后仰。

（5）侧身并步跳：起跳要有滞空时间，脚下并步跳时，上肢配合做出击球动作。

（6）指挥性步法跑动练习：跑动者站在羽毛球场地内，指挥者站在对面半场。跑动者根据指挥者所指的方向进行步法跑动，指挥者可随即指示方向。

六、羽毛球专项柔韧素质训练

1.体侧屈伸：双脚左右开立，左手叉腰，右手向上伸直做左侧屈，右侧屈则相反。

2.转腰：双脚左右开立，左右手侧平举，俯身，左手触摸右脚，右手尽力后拉，完成左转腰，右转腰则相反。

3.双手交叉体前侧拉：双手交叉，一只手臂勾住另一只手臂，进行左侧拉和右侧拉。

4.蠕虫爬行：从俯身触地开始，爬行中双腿保持直立，尽量并拢。

5.弓步蜥蜴扭转：弓步要打开，扭转开始时尽力前伸，眼看指尖完成扭转动作。

6.双人搭肩下压：双脚左右开立，保持直立不弯曲，两人互相将手搭在对方肩上，有节奏地下压。

【课后自我评价】

评价内容	等级				
能够准确完成体能训练	1	2	3	4	5
能够准确掌握体能训练方法	1	2	3	4	5
能够根据自身不足灵活运用体能训练	1	2	3	4	5
能够设计出一套适合自己的训练方案	1	2	3	4	5

网球

DAXUE TIYU YUNDONG JIAOCHENG

第九章
网球运动基本知识

■导　　引　网球作为一项融合优雅与激情的全球热门球类运动，其发展历程从法国起源，经英国定型，再到美国蓬勃发展，如今已成为世界第二大球类运动。网球运动基本知识涵盖场地、器材、击球方式及运动礼仪等内容。

■学习目标　了解网球运动的场地、器材相关知识，掌握基本击球方式和运动礼仪规范。

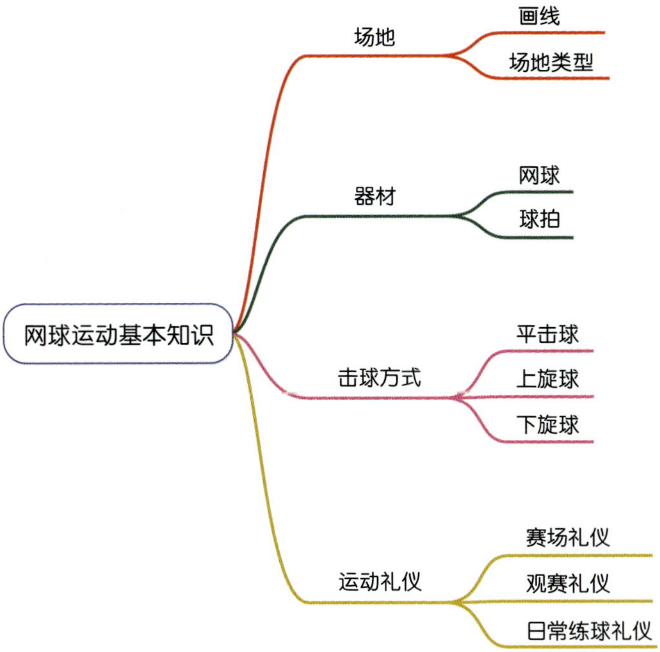

第一节　场地

根据我国国家体育总局发布的《网球竞赛规程》规定，单打标准场地长23.77米，宽8.23米；双打标准场地长23.77米，宽10.97米。球场两端的界线称为端线，端线后至少要有6.40米的活动范围；球场两边的界线称为边线，边线外至少要有3.66米的活动范围。两网柱间的距离为12.80米，顶端距地面1.07米。在球网两侧6.40米处画的一条与底线相平行的线为发球线，发球线与网袋之间相连的线为中线，依靠中线将“发球区”分为4个区域（图9.1.1）。

网球场的修建，通过不同的面层材料会建造不同的场地，分别为硬地场地、红土场地、草地场地、地毯场地4种类型。硬地场地是最常见的网球场地类型，硬度适中，适合初学者，常见于美网和澳网。红土场地是由碎石和红土混合而成，球速较慢但回弹较高，该场地对球员的技术和体能要求较高，代表赛事为法网。草地场地以天然草坪为主，以低弹跳和快球速为特点，适合大力发球与截击的球员，该场地常见于温网。地毯场地是人造表面，常见于室内网球场，球速比硬地要慢，表面也更柔软，减轻球员关节的压力，且室内球场不受天气的影响，常见于ATP室内赛事。

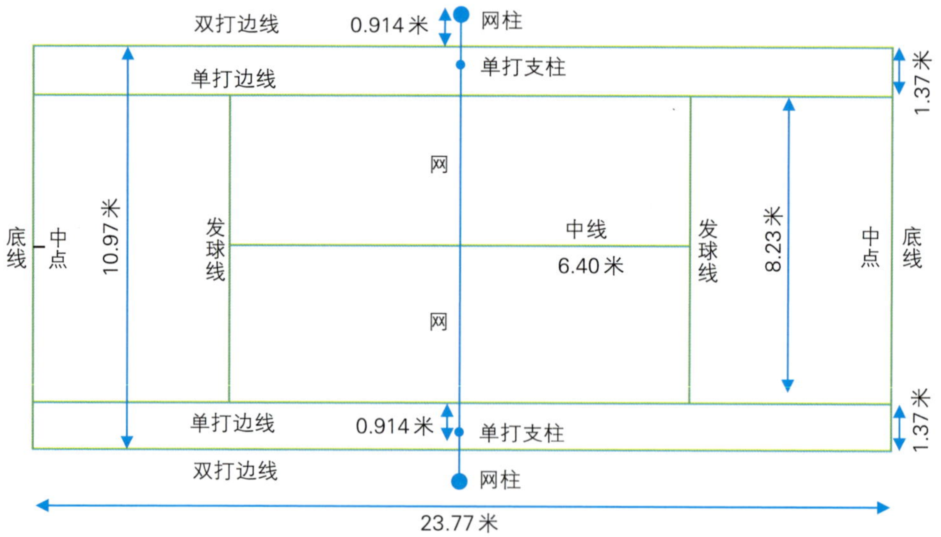

图9.1.1　网球场地俯视图

第二节　器材

一、网球

网球的外表必须形状相同且无缝，颜色必须为白色和黄色。

网球的直径为6.35～6.67厘米，重量为56.7～58.5克。

网球从2.54米高处自由落下时，必须能在混凝土地面上弹起134.62～147.32厘米。

轻的（大约40克）、软的教学用球（儿童网球）特别适合儿童和学生的网球教学与训练。这种球能够降低比赛速度，并且有助于保护上肢，避免受伤。

二、球拍

网球拍根据拍面大小分为若干类型。95英寸（约2.41米）以下为小型拍面，挥动灵活，击球力量集中，对击球点有较高的要求；95～100英寸（约2.41～2.54米）为中型拍面，更利于控制球，适合打底线球对拉；100～115英寸（约2.54～2.92米）为大拍面，球拍弹性较好，适用于截击技术。

在选择球拍时，要根据自身力量和技术来选择。空拍260克以下的球拍适用于力量较小的女士和中老年初级选手；260～300克的球拍适用于力量中等的初、中级选手，也是目前网球爱好者们选用最多的球拍重量；300～320克的球拍适用于力量较好的中、高级选手。

除拍面和重量外，球拍的拍线15号（粗）到17号（细）、拍长（0.69米或以上）、拍厚、材料、硬度、平衡等都会对运动员产生不同的影响。

第三节　击球方式

在打网球时，根据不同的击球方式，打出的球有不同的叫法，最常见的打法为平击球、上旋球和下旋球。

一、平击球

平击球是一种击球技术，其特点是击球时球拍面与地面垂直，挥拍轨迹和球飞行轨迹相对平直，击出的球旋转较少。平击球落地后向前冲力强，速度较快，反弹弧线较低。传统正手握拍方式较易打出平击球。虽然平击球球速快，但对球的控制相对较弱。

二、上旋球

上旋球的打法是将球拍面在击球时稍微向下倾斜（即关闭拍面），主要击打球的后中部或中下部，挥拍轨迹是从下向上、从右向左的。这样的击球方式使球产生向上的旋转。现代正手击球由于握拍方式的特殊性，更容易打出上旋球。上旋球的飞行轨迹弧度大且高，下降速度快，落地后前冲力强，反弹弧线较高，击球的安全性较高，失误率较低。许多世界级优秀选手常利用上旋球的这些特性在比赛中创造机会，从而掌握比赛的主动权。

三、下旋球

下旋球，也称为切削球，在击球时球拍面稍微向上倾斜（即打开拍面），主要击打球的中下部，从而使球产生向下的旋转。这项技术是球员从初级向中级进阶时必须掌握的技术。使用传统正手的大陆式握拍或东方式正手握拍都可以打出强烈的下旋球。

第四节　运动礼仪

网球这项运动最早是贵族运动，随着历史的发展，逐步转变为大众型运动项目，因此网球具有较高的文明意识，对运动员和观众行为举止也提出了一定的要求。

一、赛场礼仪

1.网球服装通常以白色为基调，包括运动T恤和短裤。女性选手可以选择穿着带袖或无袖的上衣，搭配短裙，也可以选择穿着连衣裙，男性选手不得裸露上身参赛。

2. 进入网球场应穿着专门设计的网球鞋，严禁穿着皮鞋、钉鞋等可能破坏场地平整度的鞋类，特别是女性的高跟鞋，严禁入场。此外，赤脚或仅穿袜子进入场地打球同样不被允许，会被视为不雅。

3. 在比赛时，运动员应当控制球，不刻意将球打向防守人身体，以免造成不必要的损伤。

4. 运动员在比赛的过程中，应该认真听取裁判员的判罚，尊重裁判，控制自身情绪。

5. 打出擦网球得分时，应当举拍示意或是表示歉意。

6. 比赛结束时，运动员应当与对手、主裁判握手，表示友好。

二、观赛礼仪

1. 在设有观众席的网球场地观赛时，务必按时就座。比赛一旦开始，将暂停观众入场，以避免干扰比赛。迟到的观众需等待一局比赛结束后才能进场，不要在过道上逗留或坐在栏杆上观看。在没有观众席的场地，应站在球场挡网外观看，切勿进入场地内。

2. 比赛开始后，观众应保持绝对安静。运动员在比赛中需要高度集中注意力，任何噪声都可能使他们分心，甚至导致受伤。因此，观众不得随意交谈、大声喧哗或进食。观看比赛时，应将手机设置为振动、静音或关机。

3. 比赛期间不得随意走动。如需走动，请选择在局间休息时，即单数局（除第一局）结束或一盘结束后迅速离开。否则，运动员一旦注意到观众走动，有权要求暂停比赛。

4. 在为运动员加油时要注意：比赛进行中应保持安静，只有在一分比赛确实结束后才能加油。除非是特别精彩的一击，否则在球员准备发球时应停止加油。比赛中，不得与裁判员或运动员进行任何形式的交流，包括询问比分、对判罚有异议或向运动员问好。

5. 如果观众捡到运动员打出的球，必须等到每一分比赛结束后才能将其扔回场内，切勿在比赛进行中将球扔回，以免干扰比赛。

三、日常练球礼仪

1. 初学网球时，难免会遇到球满场乱滚的情况。如果球滚入邻场且邻场球员正在练习，应耐心等待他们练习结束再捡球，此时贸然入场捡球，不仅会招致不满的目光，还可能遭遇意外。

2. 发球前，要确认对方是否已做好接球准备，最好举起球示意一下，不要不看对方就发球，这样对方很可能接不到球，也显得不尊重对手。

3. 球网是忠实的“分界员”，不要从上面跨过，也不要触压球网，否则网绳容易因压力过大而断裂。

4. 练球时，若对方的回球靠近底线，应主动告知对方球是“in”（界内）、“out”（界外）还是压线。

5. 练球时，若运动员击球出界或还击下网，尽管是无意之举，也应向对方说声“对不起”（可使用英文），“谢谢”和“对不起”是网球比赛中使用频率最高的两个词。

6. 要保护好球拍，不要当架子或坐垫使用，不要用球拍发泄情绪或将球拍乱扔乱放。

【课后自我评价】

评价内容	等级				
能够熟知网球运动基本知识	1	2	3	4	5
能够熟练应用网球运动基本知识	1	2	3	4	5

第十章
网球基本技术动作

导　　引　网球核心基础技术，以握拍法为起点，通过准备姿势与步法构建身体动态平衡，结合发球技术掌握比赛主动权，最终以击球技术实现攻防转换。

学习目标　掌握网球技术理论，熟练动作要领，了解提升技术的方法。

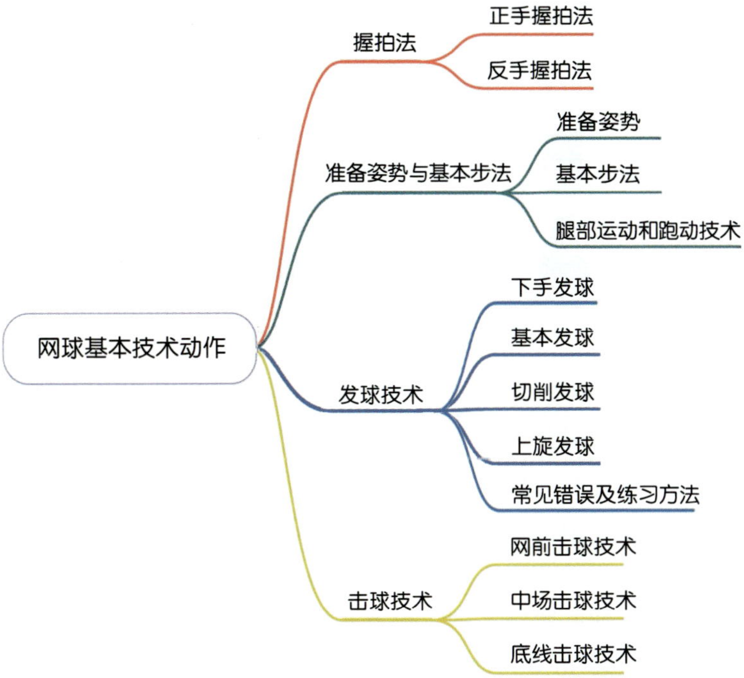

第一节　握拍法

一、正手握拍法

在掌握网球技巧之前，了解正确的握拍技巧至关重要。基本的握拍方式包括东方式、大陆式、半西方式、西方式、东方式反手以及双手反手握拍法等。选手应根据自己的打球风格和身体条件来选择最合适的握拍方式，以便最大限度地发挥个人的击球优势（图 10.1.1）。

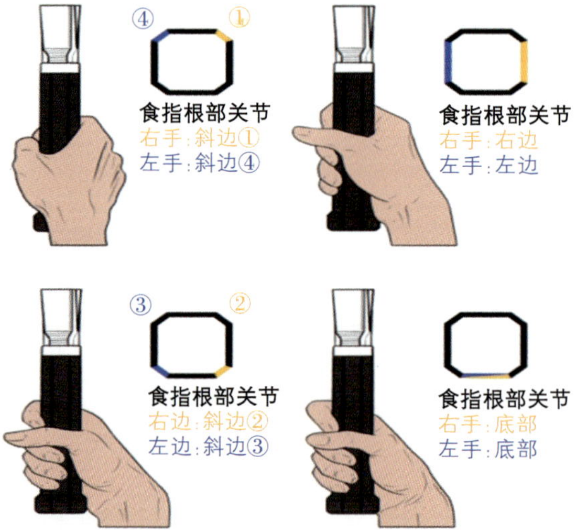

图 10.1.1　正手握拍法

（一）东方式握拍法

东方式握拍法可以分为正手和反手两种握法。东方式正手握拍法与日常握手的手势相似，因此有时也被称作握手式握拍法。开始时，将网球拍的手柄水平放置，拍面垂直于地面，手柄朝向自己，以握手的方式握住手柄。正确的握拍技巧有：食指的下关节应压在球拍的右垂直面上，食指与其他三个手指略微分开，手指自然弯曲并紧握手柄。东方式反手握拍法则是在东方式正手握拍法的基础上逆时针旋转 90 度，使得手掌的“V”形区域对准手柄的左上角，手掌根部紧贴手柄的左上角，并与手柄底部保持水平。食指与其他手指略微分开，压在手柄的右上角，拇指则伸直并紧贴左垂直面。在应对低球时，拇指应稍微弯曲，用拇指肚压紧左下角，以防止拍头下垂，避免形成不良的反手击球习惯。

（二）大陆式握拍法

大陆式握拍法是一种介于东方式正手握拍法和反手握拍法之间的技术，有时也被称作榔头式握拍法，因为使用这种握法时，球拍与地面几乎呈垂直状态，类似于手持榔头的姿势。握拍的关键点包括：手掌的“V”形区域应正对球拍的边缘，食指的下关节紧靠球拍的右上斜面，手掌根部紧贴球拍的上平面，并与拍底保持水平，其他三个手指应略微分开。采用大陆式握拍法，手腕的灵活性较大，无论是正手击球还是反手击球，都无须调整拍面角度，因此在进行网前截击、高压球或应急击球时，这种握拍方式显得尤为便捷。

（三）半西方式握拍法

半西方式正手握拍法源于东方式握拍法，然后逆时针旋转球拍，直至手掌的虎口对准手柄右上方斜面与垂直面的交界。此时，食指的根部应压在球拍的下一条棱上。这种握拍方式特别适合击打腰部以上高度的球，并且非常适合正手主动进攻。

（四）西方式握拍法

西方式握拍法的特点是球拍与地面保持平行，拇指和食指成直角，拇指伸直并压在手柄的平面上，而食指的下关节则紧握球拍的右上斜面，与拍底保持水平，手掌从上方紧握手柄。这种握拍方式无论是正手击球还是反手击球，都使用相同的拍面。因此，击球时能够产生较强的旋转和较大的威力，适用于进攻和穿越球网。

二、反手握拍法

大陆式反手握拍法（图 10.1.2）是一种适用于各种单手反手击球技术的握法，包括平击、上旋、下旋、轻放、反手截击等技术。

当运动员将手掌更多地向右转，采用半大陆式握拍法时，击球点会更靠后一点。这种握拍方式特别适合打出具有较强下旋的球，对于平击和截击也能够很好地运用，但在上旋击球时效果则不理想。

与半大陆式握拍法不同，如果选手将手掌最大限度地向左转，就会转变为西方式反手握拍法。这种握拍方式在上旋击球时具有明显优势，但对于下旋击球和截击球则不太适用。

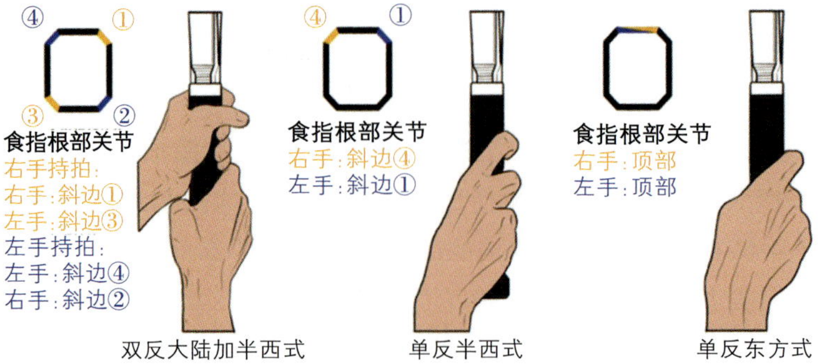

图 10.1.2　反手握拍法

在发球以及高压击球时，大陆式握拍法会有更好的效果，但在发球过程中，半大陆式握拍法会首先被使用。

双手反手握拍法是最基本的反手技术，因其像用左手打正手击球一般，在许多情况下也被叫作“正手”，这就要求运动员在反手击球时，左手要将球拍紧紧抓在手中，保证动作的稳定性。击球时要特别关注两臂间的配合，主导臂的作用是提高向前挥拍时的速度，另一只辅助手的作用是保持稳定及协助控制击球的方向。

【课后自我评价】

评价内容	等级				
能够正确完成握拍动作	1	2	3	4	5
能够不用肉眼观察便可完成正确握拍	1	2	3	4	5
能够根据不同情况完成相应的握拍姿势	1	2	3	4	5
能够正反手握拍灵活转换	1	2	3	4	5

第二节　准备姿势与基本步法

一、准备姿势

在发球和接发球阶段，球尚未正式进入比赛状态，此时运动员所保持的姿势被称为准备姿势。

（一）发球和接发球准备姿势

在发球与接发球阶段，球尚未正式进入比赛状态，此时运动员为即将开始的动作所做出的预备姿态被称为准备姿势。当进行发球时，运动员的双脚需位于底线之后的“特定位置”。运动员双脚之间的间距因个人的身体条件、习惯等因素而存在差异（图 10.2.1）。为了提升发球的效果，发球员可以采用一种有效的方式，即通过在前后方向上移动身体重心，从而更好地掌握发球的节奏。接发球时，运动员双腿需保持动态，以快速反应回击发球。这种动态可通过双腿交替小跳或左右移动重心实现，重心移动可有节奏或无节奏。双脚站位可平行或前后错开。

图 10.2.1　不同发球的准备姿势

（二）准备击球姿势和分腿站立

在网球比赛中，当球处于比赛状态时，选手迅速进入击球准备姿势至关重要。对手击球后，选手应立即调整为分腿站立姿势，双脚间距略宽于肩宽，重心落在前脚掌，踝、膝和髋关节保持轻微弯曲，同时通过轻微跳跃保持动态，以便快速起跳。在接发球环节，根据对手发球情况，向前迈出一步或几步，有助于迅速进入击球准备状态（图 10.2.2）。

图 10.2.2　准备击球姿势和分腿站立

（三）击球姿势

根据击球技巧的不同，运动员通常会选择两种主要的击球站姿：关闭式击球姿势和开放式击球姿势。

关闭式击球姿势要求运动员侧对球的飞行方向，支撑腿的脚尖需指向球网，角度可大可小。这种姿势有助于运动员更好地控制球的方向和力度。

开放式击球姿势则要求运动员的脚尖连线指向击球的方向，这取决于运动员是使用正手还是反手击球。这种站姿有利于运动员在转体时增加向前的张力，同时在击球时能够产生更大的动力。

以下是一些经常采用关闭式击球姿势的技术：发球、反手击球、截击、反弹球、轻放球、下旋挑高球、正手穿越击球。

相对地，开放式击球姿势更适用于以下技术：接发球、正手上旋击球、正手上旋挑高球、正手攻击性削球、正手基本击球、双手握拍的反手击球。这种姿势能够使运动员在击球时获得更好的身体转动和力量发挥。

二、基本步法

（一）正手击球步法

1.开放式击球步法

在开放式击球技术中，球员的双脚站位与击球点之间存在着直接联系，同时躯干与髋部之间的相对旋转对于产生击球力度至关重要。在击球准备阶段，运动员的双脚横向位置保持相对稳定，而在击球动作开始前，他们会以前脚掌为轴心，向右转脚至一个合适的位置，同时将上半身向右侧最大程度地扭转。在这一过程中，运动员的身体重心会转移到右脚上，或者在面对快速来球时，他们会迅速调整身体至一个合适的位置，并迅速挥拍击球。

2.关闭式击球步法

上步式：站立时，双脚保持平行做准备姿势。然后，将左脚迈出，朝向身体右侧前方约45度的位置，步幅与肩宽相仿，右脚则在原地进行旋转。根据个人习惯和来球的不同，双脚的移动顺序可以有所变化：可以同时移动左脚并转动右脚，或者先迈出左脚再转动右脚，还可以先调整右脚至适当位置后再移动左脚。

撤步式：在准备击球时，以左脚的前脚掌为中心点，身体向右侧旋转，与此同时，右脚向身体左侧后方大约45度的方向撤步。左脚的旋转可以在右脚撤步之前完成，也可以与右脚的动作同步进行。左脚的转动可以是抬起后转动再落地，或者以脚掌为中心进行旋转。

（二）反手击球步法

1.开放式击球步法

该步法与正手开放式击球的步法相同，但方向上有所差异。双脚的旋转动作是同步进行的，通常以脚掌为中心点。旋转的具体角度取决于多种因素，包括来球的方向、个人的技术偏好以及上半身的旋转范围。

2.关闭式击球步法

在反手击球中，由于身体关节的限制，力量的发挥不如正手那样自如流畅。因此，反手击球时，更加注重全身的协调性和力量的整合。这也意味着，反手击球对步法的要求更为严格。有充分时间准备击球时，推荐采用关闭式步法，这种步法与正手关闭式击球步法方向相反。具体到上步式，左脚以地面为轴心向左转大约45度，同时，右脚向前跨出至左侧约45度的位置，步幅应与肩宽相匹配，双脚的转动动作可以同时进行。

三、腿部运动和跑动技术

网球场上的跑动方向可以分为以下几种方式：向前跑动，是指直线或者以较大或者较小的斜角跑向球网；向后跑动，是指远离球网；侧向跑动，是指较多或者较少地平行于球网跑动（以下步法示意图中，浅色脚印为左脚，深色脚印为右脚）。

（一）向前跑动

当向球网方向冲刺时，应使用标准的跑步步法。执行正手击球动作时，在冲刺结束阶段，支撑腿需发力，促使身体转向右侧，以便进入击球姿势，随后双脚应尽量与球网保持平行站立。而在进行反手击球时，支撑腿的脚尖应更早地对准球网。在这种情况下，击球技巧可以在冲刺和跳跃过程中实施，或者通过调整步法来执行。

（二）向后跑动

向后跑动只有在偶尔的情况下才通过向后跑动步法来完成。在大多数情况下，以侧对球网的侧跨步、调整步或者交叉步来完成向后跑动。在使用交叉步向后跑动时，为了保持侧身的姿势，大腿是“交叉”的（图 10.2.3）。

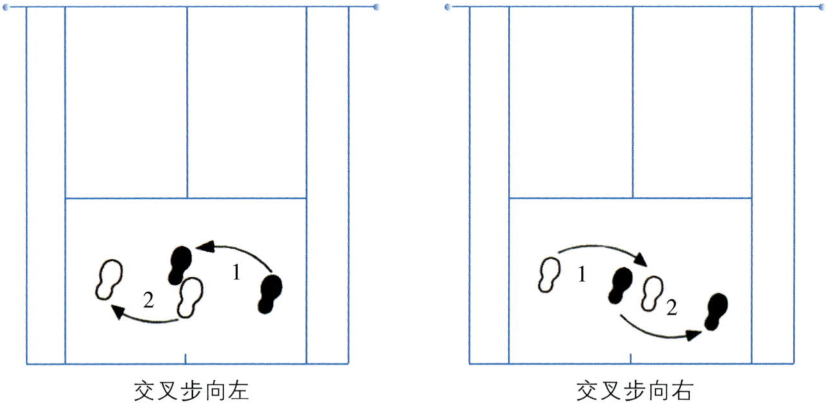

图 10.2.3　交叉步

面对对手的快速回球，运动员有时无法及时到达理想位置，以标准的击球姿势进行击球，而不得不在移动中完成击球。击球动作完成后，由于惯性，运动员往往会继续向前迈出一步。为了迅速改变方向，回到场地的另一侧，运动员需要执行制动步（即支撑腿用力），这个动作可以让运动员突然停止前进，并立即用同一条腿反向冲刺。在完成启动步之后，运动员可能会采用交叉步（前交叉）、侧跨步或调整步来调整位置。当需要覆盖较长距离时，运动员可以在启动步之后采用常规的跑步步法，快速移动到击球点。快速有效地使用启动步和制动步，可以帮助运动员迅速到达最佳的场地位置，为下一次击球做好准备。

（三）侧向跑动

在侧向跑动时，上身正对球网（除了平行于底线较长距离的跑动时）。侧向跑动一般使用侧跨步。使用侧跨步时，从远侧腿用力开始，与运动方向同侧的大腿抬起、跨出、落地，几乎在同一时间，远侧的大腿也做相同的动作。在运动过程中，身体重心落在双脚的前脚掌上。所有的动作都是贴地完成的，也可以说是滑步运动。侧跨步的步幅较小，因此，根据需要常常连续使用多次侧跨步（图 10.2.4）。

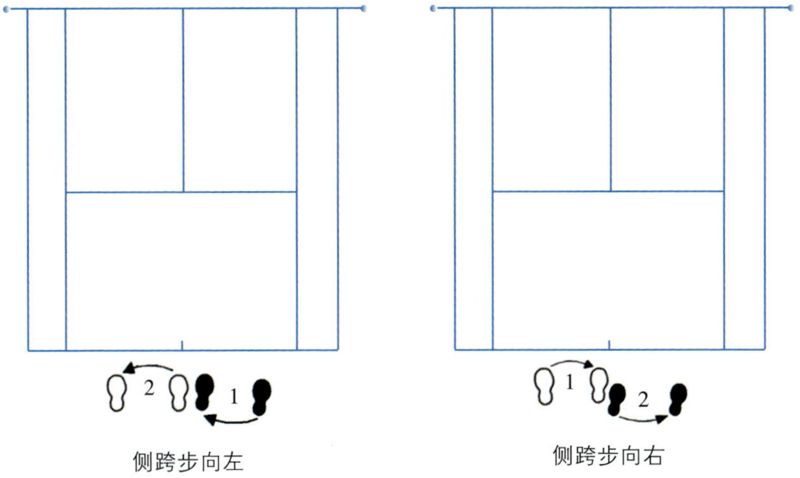

图 10.2.4　侧跨步

运动员使用转向步能让自己处于击球姿势。此时，脚和上身向击球一侧转体，身体重心向后移至后面的腿上。侧跨步和转向步在跑动距离较短时使用（1～3米）。在跑动距离较长时，运动员为了使自己适应球的飞行线路和寻找到有威胁的击球点，要使用一般的跑动步法，并且尽可能以击球姿势小步快速跑动。

【课后自我评价】

评价内容	等级				
能够准确完成场上步法	1	2	3	4	5
能够衔接各场区步法	1	2	3	4	5
能够不用思考便可正确跑出各场区步法	1	2	3	4	5
能够将步法与击球动作完美结合	1	2	3	4	5

第三节　发球技术

一、下手发球

站位：身体正面朝向球网，双膝微屈，重心置于前脚掌。左手握球，右手保持自然放松状态，躯干向右侧后方转。

引拍：挥动球拍的同时，左脚向前迈出一步，左手将球轻轻抛起，目光紧随球的轨迹。球拍位置稍向下，手腕自然下垂，保持关节的轻微伸展，肩部向前转动。

击球：在球触地前，于身体前方一侧击球，调整拍面从垂直状态至略微开放。击球时，挥动手臂和球拍顶端尽可能向前上方延伸。完成击球后，降低球拍，准备接对方的球（图 10.3.1）。

图 10.3.1　下手发球

二、基本发球

站位：站在端线外，离中心标志右侧约一步远；侧对球网站立，左脚对准右侧网柱，右脚置于左脚之后；主要支撑点在左脚，左手轻扶拍颈以减轻右手负担；双臂自然弯曲，保持在胸部水平。

引拍：双臂协同下移至最低位置，随后同时上挥，但速度各异；球在视线高度被抛出，同时击球臂向后、下、上挥动；挥臂下降时，重心转向右脚；挥臂至顶点时，重心转至左脚，并借助髋部前送降低重心；左脚推动身体向前上方移动。

击球：击球前，肩膀转向球网，在挥拍的最高点，手腕展开（速度达到峰值），前臂旋转，全力向前上方伸展击球臂，在顶点击球；击球时，拍面近乎垂直，右侧对准球的方向；击球后，右前臂持续向外转动，球拍随挥至身体的左侧，左臂在体前的位置做相反的运动，然后站在端线附近或者上网（图 10.3.2）。

图 10.3.2　平击发球

三、切削发球

站位：站在场地端线外，离中心标志右侧约一步远，侧对球网；左脚对准右侧网柱，右脚置于其后；主要支撑点在左脚，左手轻扶拍颈以减轻右手的负担；双臂自然弯曲，保持在胸部水平位置。

引拍：双臂协同下移至最低点，然后同时向上挥动，速度各异；在视线高度用拇指、食指和中指将球抛出，击球臂随之向后、下、上引拍，同时上身向后扭转，当手臂挥至最高点时，重心转移到左腿上。

击球：球拍从头部后方以平弧线挥动，从左下方向右上方加速击球，支撑腿参与较少，转体充分，内旋动作较少；击球时，拍面近乎垂直，右侧对准击球方向，通过大幅度转体，右脚向前跨至左脚的前方（图 10.3.3）。

图 10.3.3　切削发球

四、上旋发球

站位：站在场地端线外，离中心标志右侧约一步远，侧对球网；左脚对准右侧网柱，右脚置于其后；主要支撑点在左脚，左手轻扶拍颈以减轻右手的负担；双臂自然弯曲，保持在胸部水平位置。

挥拍：双臂协同下移至最低点，然后同时向上挥动，速度各异；在视线高度将球抛出，击球臂向后、下、上引拍，同时将重心转移到右脚；当手臂挥至最高点时，重心转移到左脚，右肩向后转动，形成背部弯曲。

击球：球拍从头部后方以弧线挥动，向上至击球点，上身保持稳定；手腕向上伸展，不进行内旋，在顶点击球；击球时，拍面近乎垂直，右侧对准球的方向，右脚向后侧方移动。

随挥：击球后，球拍继续向右随挥；身体轻微向左倾斜并转向球的方向，左臂在腹部位置做相反运动，球拍随挥至身体左侧（图10.3.4）。

图10.3.4　上旋发球

五、常见错误及练习方法

发球常见错误有抛球不稳定、握拍方式不正确、身体协调性不足、腿部和身体力量使用不当、发球节奏不连贯、注意力不集中、发球动作过于复杂等。

网球的练习方法主要有以下几种：

1.专注于抛球的一致性。可以通过站在固定的标记点上练习，确保每次抛球的高度和位置都相同，使用镜子或视频回放来检查和调整抛球动作。

2.学习和练习不同的握拍方式（如东方式握拍法、西方式握拍法或半西方式握拍法等），找到最适合自己的握拍方式，并通过反复练习来固定握拍姿势。

3.进行步骤训练。先练习不带球的挥拍动作，然后加入抛球，最后整合两者。使用多球练习可以提高连续发球的协调性。

4.强化腿部力量和核心肌群。通过深蹲、跳跃和平衡训练来提高腿部的爆发力。同时，练习使用身体旋转来增加发球力量。

5. 节奏训练。使用节拍器或音乐来练习发球节奏，在练习中可以模拟比赛的节奏，确保在压力下也能保持一定的发球节奏。

6. 注意力训练。始终保持目光集中在球和目标上，可以通过目标训练，如在发球区放标志物，来提高目光的集中性和准确性。

7. 简化发球动作，专注于流畅性和连贯性。可以通过减慢动作速度来练习每个动作的细节，然后逐渐加快速度。

【课后自我评价】

评价内容	等级				
能够熟知各个发球技术的动作要领	1	2	3	4	5
能够正确完成发球动作	1	2	3	4	5
能够准确掌握发球力度	1	2	3	4	5
能够准确把握发球落点	1	2	3	4	5

第四节　击球技术

一、网前击球技术

（一）正手截击球

站位：膝盖弯曲，球拍高举，身体向前倾斜，双肘前移，重心前移至脚掌，同时密切注视并预判对方的球路。

引拍：为了更有效地发力和提前击球，采用东方式握拍法；身体向右转动，右脚同时向右转，球拍位置高于预计击球点，左手离开拍柄以保持平衡，左脚抬起，拍面展开，视线紧随球的轨迹。

击球：前臂向球伸展，挥拍动作由后上向前下进行，左手保持在身前以减少身体旋转；在手臂即将完全伸展时击球，击球点位于身体的一侧前方；通过手指屈曲固定手腕关节；击球后，左脚向击球方向迈出。

随挥：无须刻意发力；击球完成后，拍面应指向击球方向（图 10.4.1）。

图 10.4.1　正手截击球

（二）反手截击球

站位：膝盖弯曲，球拍高举，身体前倾，双肘前移，重心前移落于双脚的前脚掌上，同时观察对方，判断出球路线。

引拍：为了更好地发力和提前击球，推荐使用反手握拍法；身体向左转动，左脚向同侧转动，左手向后上方引拍至击球点上方，左腿作为支撑腿需弯曲并向前伸展，视线紧随球的轨迹。

击球：前臂向前下方伸展，左手向后上方移动，以保持平衡；在接近加速挥拍点时，上臂延长线通过肘关节指向目标方向；击球点位于身体一侧前方，由于肩膀姿势，反手截击的击球点比正手截击的击球点更靠前；击球后，右脚向击球方向迈出。

随挥：无须刻意发力；击球完成后，拍面应指向击球方向（图 10.4.2）。

图 10.4.2　反手截击球

（三）正手截击放轻球

站位：膝盖弯曲，球拍位置较高，身体前倾，双肘前移，重心置于前脚掌，同时密切注视并预判对方的球路。

引拍：采用东方式握拍法，身体向右转动，轻微地将球拍拉回到较高的位置，视线紧随球的轨迹。

击球：左腿保持弯曲，球拍从上方平稳地挥向击球点，动作要流畅，击球点应在身体前方，挥拍路径较长。

随挥：利用前臂的外旋动作，使拍面进一步展开，随挥动作要短而向上，同时双腿伸直，准备下一次击球（图10.4.3）。

图10.4.3 正手截击放轻球

（四）反手截击放轻球

站位：膝盖弯曲，球拍高举，身体前倾，双肘前移，重心前移至脚掌，同时密切注视并预判对方的球路。

引拍：采用反手式握拍法，身体向左转动，轻微地将球拍拉回到较高的位置，视线紧随球的轨迹。

击球：右腿保持弯曲，球拍从上方平稳地挥向击球点，动作要流畅，击球点应在身体前方，拍面展开，挥拍路径较长。

随挥：利用前臂的旋转和退让动作，使拍面进一步展开，随挥动作要短而向上，准备下一次击球（图10.4.4）。

图10.4.4 反手截击放轻球

常见错误：手腕与手指运用不当，不是用力过猛，就是拍面控制不好，使击出的球离网太高、太远或落网；站位离网过近，妨碍击球动作的完成；击球前肘部过直。

练习方法：练习保持低重心、膝盖微弯、脚跟略微抬起的准备姿势；可以使用镜子或视频来检查和调整自己的姿势；进行平衡和协调性训练，如单脚站立、跳绳、灵活性练习等，以提高身体的稳定性和反应速度；专注于使用手臂和身体的力量来击球，而不是依赖手腕；可以通过限制手腕运动的练习来纠正手腕用力击球的不良习惯。

【课后自我评价】

评价内容	等级				
能够熟知前场各个击球技术的动作要领	1	2	3	4	5
能够正确完成前场各个击球动作	1	2	3	4	5
能够准确把握前场各个击球动作的力度	1	2	3	4	5
在实战中能够灵活运用前场各个击球技术	1	2	3	4	5

二、中场击球技术

（一）正手高压击球（站立）

站位：截击球的预备姿势要求双腿弯曲程度大于底线击球时，球拍位置更高，身体前倾更明显，双肘向外展开，重心置于前脚掌，同时要密切注视并预判对方的球路。

引拍：采用发球握拍方式，初期动作紧凑，球拍从胸前直接向后上方引至加速点；左手高举，以增加向前的张力，并更精准地对准球（视线紧随球）；身体向右侧和后方转动；右腿向后转动，重心随之下沉至右腿（支撑腿）。

击球：重心前移至左脚，球拍迅速加速挥向击球点；击球瞬间，前臂内旋，击球臂上举，左手指向腹部位置；击球时，拍面从垂直调整至与击球方向一致，击球点位于球网后、身体前上方的空当区域。

随挥：随挥动作紧凑，结束于左侧髋关节前方，回到截击球的预备姿势（图 10.4.5）。

图 10.4.5　正手高压击球（站立）

（二）正手高压击球（起跳）

站位：截击球的预备姿势要求双腿弯曲程度大于底线击球，球拍位置更高，身体前倾更明显，双肘向外展开，重心置于前脚掌，同时要密切注视并预判对方的球路。

挥拍：采用发球握拍方式，初期动作紧凑，球拍从胸前直接向后上方引至加速点；左手高举，以增加向前的张力，并更精准地对准球；身体向右侧和后方转动；右腿后置且弯曲程度较大；视线紧随球的轨迹。

击球：准备击球时，右腿发力起跳，形成剪刀式跳跃以维持身体平衡；球拍迅速加速挥向击球点；击球瞬间，前臂内旋，击球臂上举，身体向前转动；击球时，拍面从垂直调整至与击球方向一致。

随挥：左脚先着地，右脚随即落在左脚侧后方，随挥动作紧凑，结束于左侧髋关节前方，回到截击球的预备姿势（图 10.4.6）。

图 10.4.6　正手高压击球（起跳）

（三）反手高压击球

站位：截击球的预备姿势要求双腿弯曲程度大于底线击球时，球拍位置更高，身体前倾更明显，双肘向外展开。

引拍：采用反手式握拍法，身体充分转动带动球拍向左侧后方引拍；肘部抬高，拍头向下，肩胛骨对准球网；上身降低以提升击球手臂，重心移至左腿并准备起跳；在挥拍至最低点前，左手持续扶握拍颈；视线紧随球的轨迹。

击球：利用肩、肘、腕关节的协同运动，伸展击球臂；击球点位于身体前上方，手臂和上身充分伸展，身体转体，背部对准球网；击球时，拍面垂直并对准击球方向，同时身体稍向前倾。

随挥：拍头下压发力，左脚先着地，左臂协助维持身体平衡，回到截击球的准备姿势（图 10.4.7）。

图 10.4.7　反手高压击球

常见错误：击球时机不当，身体平衡和协调性不足，挥拍动作不流畅，缺乏力量和控制。

练习方法：通过反复练习在不同高度接球，找到最佳的击球点；可以在练习中使用不同高度的喂球，模拟比赛中可能出现的各种情况；进行平衡训练，如单脚站立和快速换向练习，以及使用绳梯训练来提高敏捷性；练习简洁而连贯的挥拍动作，避免过大的挥拍幅度；可以通过无球挥拍练习来加强动作的流畅性；通过强化肩部、手臂和核心肌群的力量训练来提高击球的力量和控制能力，例如进行哑铃举重、俯卧撑和平板支撑等练习。

（四）正手反弹击球

站位：腿部弯曲，球拍举至较高点位，身体倾向前方，双肘靠近身体前侧，重心置于前脚掌，并专注观察对手击球，提前做出判断。

引拍：使用东方式握拍法，随身体旋转球拍轻微后撤，右膝弯曲程度相对较深（几乎触碰地面），左腿大幅度向前跨步，视线紧随球的轨迹。

击球：将重心转移到前腿并进一步降低，球拍贴近地面平行挥向击球点；在球弹起的瞬间，于左脚高度处击球；确保拍面与地面垂直。

随挥：随挥动作幅度较小，主要向上前方，从低位姿势恢复到截击准备姿势（图 10.4.8）。

图 10.4.8 正手反弹击球

（五）反手反弹击球

站位：膝盖弯曲，球拍举高，身体前倾，双肘前移，重心置于前脚掌，同时密切注视并预判对方的球路。

引拍：采用反手式握拍法，身体转动时左手轻扶拍颈，球拍轻微后撤并略向下，左膝深弯近乎触地，右腿向前跨大步，左手持续扶握拍颈，视线紧随球的轨迹。

击球：重心前移至前腿，球拍低位且与地面平行，缓慢挥向击球点；接近击球点时，左手脱离球拍，轻微后撤；保持侧身姿势；击球点位于右脚高度且尽量前移；拍面保持垂直。

随挥：随挥动作幅度较小，主要向上前方，从低姿态恢复至截击球的准备姿势（图 10.4.9）。

图 10.4.9 反手反弹击球

常见错误：位置判断不准确，击球时机掌握不当，脚步移动和身体协调性不足，握拍方式不正确。

练习方法：练习在网前快速移动并预判球的落点；可以通过多球练习或与搭档进行不同角度的反弹球练习，来提高位置判断能力；通过反复练习在球的上升或高点阶段击球，找到最佳的击球时机；可以在练习中模拟比赛中的反弹球高度和速度；进行快速移动和换向练习，如梯形训练和敏捷性练习，以提高在网前的脚步灵活性；确保使用合适的握拍方式，如东方式握拍法或大陆式握拍法，并通过无球练习来加强肌肉记忆。

【课后自我评价】

评价内容	等级				
能够熟知中场各个击球技术的动作要领	1	2	3	4	5
能够正确完成中场各个击球动作	1	2	3	4	5
能够准确掌握中场各个击球动作的力度	1	2	3	4	5
在实战中能够灵活运用中场各个击球技术	1	2	3	4	5

三、底线击球技术

（一）正手基本击球

站位：保持身体正面朝向球网；轻微弯曲膝盖，使重心集中在前脚掌；球拍顶端应指向球网；左手稳固地握住拍颈，右手保持自然放松；保持警觉，预判对方的击球路线。

引拍：身体充分向右侧后方转动，右脚向外跨步，降低身体重心；球拍向后引，前臂保持放松状态；左手从拍上移开，维持在身体前方；采用正确的握拍方式；左脚向击球方向迈出一大步，同时转移身体重心；视线紧随球的轨迹。

击球：降低球拍位置；膝盖伸直，将重心转移到左腿；略微打开手腕关节，肩部向前转动；球拍从后下方向前上方挥动，拍头以适当的速度加速；击球的最佳位置位于身体右侧前方；保持拍面与球网垂直。

随挥：击球后，手臂和球拍顶端应尽可能向前上方延伸，前臂继续向前上方挥动，大腿持续伸展，球拍降低，为下一次击球做好准备（图 10.4.10）。

图 10.4.10　正手基本击球

常见错误：握拍不稳固或方式错误，击球点选择不恰当，挥拍动作不流畅，过分依赖上半身力量。

练习方法：在无球状态下反复练习握拍和挥拍，以强化正确的握拍技巧，可使用握拍练习器辅助；在身体侧方或稍前方练习击球，确保有足够的时间和空间完成挥拍，可利用标记辅助定位；分解挥拍动作，先练习转体和挥拍，然后加入步法和臂力，逐步合成完整的击球动作；注重下半身的稳定性和力量训练，通过腿部力量训练，提升下半身在击球中的参与度。

（二）反手基本击球

站位：保持身体直面球网；轻微屈膝，使身体重心均匀分布在双脚的前脚掌；球拍顶端应指向球网方向；左手稳定地握持拍颈，右手保持自然放松状态；保持警觉，对对方的来球进行预判。

引拍：身体大幅度向左侧后方转动，左腿向外跨出一步，肩部向后、向下转动；左手引导球拍向后拉，拍面保持开放；随后，右腿向击球方向迈出一大步，承担大部分体重；左手持续稳定地握持拍颈；视线紧随球的轨迹。

击球：挥拍手臂向后、向下延伸；球拍从后下方向前上方挥动；为防止上身过度转动，左手与挥拍手臂做相反方向的运动；右腿伸直；击球的最佳位置位于身体左侧前方；保持拍面垂直于球网。

随挥：挥拍手臂和球拍顶端在击球后应向前、向上延伸，朝击球方向随挥；右腿进一步伸展，辅助完成击球动作；左手向后、向下做相反方向的运动，准备进行下一次击球（图 10.4.11）。

图 10.4.11　反手基本击球

（三）双手握拍反手击球

站位：保持身体正面朝向球网；轻微弯曲膝盖，使身体重心集中在前脚掌；球拍顶端对准球网方向；左手稳固地握持拍颈，右手保持自然放松状态；保持警觉，预判对方的来球轨迹。

引拍：右手采用大陆式握拍法，左手采用东方式握拍法；身体大幅度向后转体；球拍沿着平滑的弧线向后拉；通过屈膝降低身体重心；右腿向前斜跨一步；视线紧随球的轨迹。

击球：将身体重心转移到前腿；上身向前转动，对准击球方向；拍头起始位置低于击球点，然后加速向前并略微向上挥向击球点；击球的最佳位置位于身体右侧髋关节前方；保持拍面垂直。

随挥：继续朝击球方向延伸随挥动作，双腿持续伸展，降低球拍，为下一次击球做好准备（图 10.4.12）。

图 10.4.12　双手握拍反手击球

常见错误：反手转换握拍不够流畅，对击球时机和位置的判断不够精准，反手挥拍动作未能完整执行，身体平衡与协调性有待提高。

练习方法：通过不断练习从东方式握拍法转换到反手式握拍法，确保转换过程既迅速又准确，可以利用握拍辅助工具来提高效率；在不同速度和高度的球况下进行击球练习，通过多球训练增强对球路的预测能力；注重挥拍动作的完整性，包括恰当的肩部转动和手臂伸展；通过无球挥拍练习，加强动作的连贯性和流畅性；进行平衡和协调性训练，如单脚站立、跳绳等训练，以增强身体的稳定性和协调性。

（四）正手上旋击球

站位：保持身体正面朝向球网；轻微屈膝，使身体重心集中在双脚的前脚掌；球拍顶端指向球网；左手稳定地握持拍颈，右手保持自然放松；保持警觉，预判对方的来球轨迹。

引拍：右腿大幅度跨步；身体充分向右侧和后方转动；左手从球拍上移

开，保持在身体前方；右腿（支撑腿）承担大部分体重；球拍向后引，右臂保持放松；视线紧随球的轨迹。

击球：拍头降低至远低于击球点的高度；采用开放式站姿，双腿用力蹬地，上身向前转动；球拍从后下方向前上方快速挥向击球点，击球点位于身体右侧前方；保持拍面垂直，以切线角度击球。

随挥：前臂旋转至体侧（内旋）并继续快速向上挥拍，球拍随挥至身体左侧，为下一次击球做好准备（图 10.4.13）。

图 10.4.13　正手上旋击球

（五）正手超身上旋击球

站位：保持身体正面朝向球网；轻微弯曲膝盖，使身体重心集中在双脚的前脚掌；球拍顶端指向球网；左手稳定地握持拍颈，右手保持自然放松；保持警觉，预判对方的来球轨迹。

引拍：身体大幅度向右侧和后方转动；右腿大幅度跨步；左肩胛骨对准球网；右腿承担大部分体重；左手从球拍上移开，大约与端线平行伸展；球拍闭合并向高处引拍；肩部和髋部向后转动。

击球：直接进入击球阶段；拍头略低于击球点的高度；肩关节和髋关节从下至上向前伸展；髋关节动作领先击球动作 0.20 至 0.25 秒；在加速挥拍过程中，手腕关节自然打开；击球点位于身体侧面、身体重心前方、肩关节高度(肘关节形成角度)。

随挥：上身继续向击球方向转动；击球结束时，肩关节对准球网（在旋转更强时，肩胛骨对准球网）；起跳时，右脚和右侧髋关节用力产生旋转；球拍尽可能长地向击球方向挥拍，最终随挥至身体左侧（图 10.4.14）。

图 10.4.14　正手超身上旋击球

（六）反手上旋击球

站位：保持身体正面朝向球网；膝盖轻微弯曲，身体重心集中在双脚的前脚掌；球拍顶端指向球网；左手稳固地握持拍颈，右手保持自然放松状态；保持警觉，预判对方的来球轨迹。

引拍：身体充分向后和左侧转动，同时左脚向外斜跨一步；挥拍手臂的肩部向后下方移动；膝盖深度弯曲，右腿向前迈出；左手向后引拍；视线紧随球的轨迹。

击球：拍头降低至远低于预期击球点的高度；膝盖用力蹬地并伸展；拍头从后下方向前上方快速挥向击球点，击球点位于身体侧前方；在击球瞬间，保持拍面垂直，并以切线角度击球。

随挥：继续向击球方向快速向上随挥，进行外旋动作；随挥结束时，上身轻微转体；降低球拍，为下一次击球做好准备（图 10.4.15）。

图 10.4.15　反手上旋击球

（七）正手削球

站位：保持身体正面朝向球网；膝盖轻微弯曲，身体重心集中在双脚的前脚掌；球拍顶端指向球网；左手稳固地握持拍颈，右手保持自然放松；保持警觉，预判对方的来球轨迹。

引拍：右腿向外跨出一步，身体向右侧和后方转动，同时向后上方引拍，挥拍手臂保持弯曲；拍面打开角度较大；左腿向前跨步，步幅至少与髋关节同宽；视线紧随球的轨迹。

击球：拍头降低至远低于击球点的高度；采用开放式站姿，双腿用力蹬地，上身向前转动；球拍从后下方向前上方快速挥向击球点，击球点位于身体一侧前方；在击球瞬间，保持拍面垂直，并以切线角度击球。

随挥：前臂旋转至身体一侧（内旋），继续快速向上挥拍，球拍随挥至身体左侧，为下一次击球做好准备（图 10.4.16）。

图 10.4.16　正手削球

（八）反手削球

站位：保持身体正面朝向球网；膝盖轻微弯曲，身体重心集中在双脚的前脚掌；球拍顶端指向球网；左手稳固地握持拍颈，右手保持自然放松；保持警觉，预判对方的来球轨迹。

引拍：左腿向外跨出一步，身体向左侧和后方转动，同时向后上方引拍；左手稳固地握持拍颈，挥拍手臂保持弯曲；拍面打开角度较大；右腿向前跨步，步幅至少与髋关节同宽；视线紧随球的轨迹。

击球：身体重心向前和向下转移到前腿；手臂从后上方向前下方朝击球点伸展，前臂进行内旋；击球点位于身体左侧前方，保持拍面垂直；在接近击球点之前，保持侧身姿势；在接近击球点时，左手向后移动。

随挥：继续向前和向下随挥，然后向上随挥，逐渐结束，拍面再次打开；随挥结束时，击球手的高度大约与肩关节同高，为下一次击球做好准备（图 10.4.17）。

图 10.4.17　反手削球

常见错误：拍面角度调整不适宜，导致击球时机把握不精准；切削力度控制不当，或过重，或过轻；身体动作缺乏协调性。

练习方法：利用不同颜色的球拍胶带标记理想的拍面角度，或在墙面上练习切削，观察球的反弹和飞行路径；练习在球下降时进行切削，开始时使用低速球，逐步提升至比赛标准速度；通过调节挥拍的速度和力度来控制切削的深度与速度，从轻柔切削练起，逐步增强力度；加强全身协调性训练，包括脚步移动、身体旋转和手臂挥拍，确保动作流畅。

（九）正手放轻球

站位：保持身体正面朝向球网；膝盖轻微弯曲，身体重心集中在双脚的前脚掌；球拍顶端指向球网；左手稳固地握持拍颈，右手保持自然放松；保持警觉，预判对方的来球轨迹。

引拍：采用东方式握拍法；身体轻微向右侧转动，球拍向后引拍时保持拍面开放；左腿（支撑腿）向前迈出；右臂保持弯曲；视线紧随球的轨迹。

击球：身体重心下降，膝盖弯曲，同时球拍向下挥动；膝盖伸展，向前和向下的加速较轻；击球点位于身体前方；拍面保持开放；击球前，右手完全伸展。

随挥：充分向前上方随挥，左腿继续伸展，为下一次击球做好准备（图10.4.18）。

图 10.4.18 正手放轻球

（十）反手放轻球

站位：保持身体正面朝向球网；膝盖轻微弯曲，身体重心集中在双脚的前脚掌；球拍顶端指向球网；左手稳固地握持拍颈，右手保持自然放松；保持警觉，预判对方的来球，并积极移动以迎球。

引拍：采用反手式握拍法；身体向左侧和后方转动，左手稳固地握持拍颈；在向后上方做较短的引拍动作时，拍面保持垂直向上（略微闭合）；拍头位置高于预期的击球点；右腿（支撑腿）向前迈出，积极迎球，躯干和腿部用力较少；视线紧随球的轨迹。

击球：支撑腿弯曲，保持侧身站位；球拍以较慢的速度从后上方向前下方挥动；接近击球时，左手从球拍上移开，进行反向运动；到击球点时，拍面略微打开，击球点位于身体右侧髋关节的前方。

随挥：击球动作结束后，直接向前上方做较短的随挥，前臂旋转，使拍面平行于地面，右腿伸展，为下一次击球做好准备（图10.4.19）。

图 10.4.19　反手放轻球

（十一）正手上旋挑高球

站位：保持身体正面朝向球网；膝盖轻微弯曲，身体重心集中在双脚的前脚掌；球拍顶端指向球网；左手稳固地握持拍颈，右手保持自然放松；保持警觉，预判对方的来球轨迹。

引拍：右腿大幅度跨步；身体充分向右侧和后方转动；左手从球拍上移开，保持在身体前方；右腿（支撑腿）承担大部分体重；球拍向后引，右臂保持放松；视线紧随球的轨迹。

击球：拍头降低至远低于预期击球点的高度；腿部用力推动，伸展；身体向前转动，轻微后仰；球拍从后下方向前上方快速挥动，加速明显；击球点位于身体右侧前方；在拍面打开前，保持拍面垂直；击球动作要迅速。

随挥：向前上方快速随挥，随挥动作在左肩上方结束，为下一次击球做好准备（图 10.4.20）。

图 10.4.20　正手上旋挑高球

常见错误：拍面开启时间不恰当，或过早，或过迟；击球点位置过低；身体平衡与协调性不佳；挥拍动作未能完整地执行。

练习方法：在训练中注重拍面角度的控制，确保在击球瞬间拍面垂直于地面，并随着挥拍动作逐渐调整拍面；练习在球的下降期或最低点进行挑球，以更好地掌握球的飞行高度和方向；利用标记来确定理想的击球点，帮助提高击球的精准度；通过平衡训练和全身协调性练习，例如单脚站立挥拍、跳绳等，增强身体的稳定性；练习完整的挥拍动作，从准备到结束，确保动作连贯且充满力量；通过无球挥拍练习，提高动作的流畅性和协调性。

（十二）正手下旋挑高球

站位：保持身体正面朝向球网；膝盖轻微弯曲，身体重心集中在双脚的前脚掌；球拍顶端指向球网；左手稳固地握持拍颈，右手保持自然放松；保持警觉，预判对方的来球轨迹。

引拍：采用东方式握拍法；身体轻微向左侧和后方转动，球拍向后引拍时保持拍面开放；右腿（支撑腿）向前迈出；左肩胛骨对准球网；右臂弯曲，左手从球拍上移开；视线紧随球的轨迹。

击球：重心下降，膝盖弯曲，同时球拍向下挥动，向前和向下的加速较轻；击球点位于身体前方；左臂向后进行短促的反向动作。

随挥：充分向前上方随挥，右腿继续伸展，为下一次击球做好准备（图10.4.21）。

图 10.4.21　正手下旋挑高球

（十三）反手下旋挑高球

站位：保持身体正面朝向球网；膝盖轻微弯曲，身体重心集中在双脚的前脚掌；球拍顶端指向球网；左手稳固地握持拍颈，右手保持自然放松；保持警觉，预判对方的来球轨迹。

引拍：采用反手式握拍法；身体轻微向左侧和后方转动，球拍向后引拍时保持拍面开放；右腿（支撑腿）向前迈出；右肩胛骨对准球网；右臂弯曲，左手从球拍上移开；视线紧随球的轨迹。

击球：重心下降，膝盖弯曲，同时球拍向下挥动，向前和向下的加速较轻；击球点位于身体前方；左臂向后进行短促的反向动作。

随挥：充分向前上方随挥，右腿继续伸展，为下一次击球做好准备（图10.4.22）。

图 10.4.22　反手下旋挑高球

【课后自我评价】

评价内容	等级				
能够熟知底线各个击球技术的动作要领	1	2	3	4	5
能够正确完成底线各个击球动作	1	2	3	4	5
能够准确掌握底线各个击球动作的力度	1	2	3	4	5
在实战中能够灵活运用底线各个击球技术	1	2	3	4	5

第十一章
网球比赛战术

导　　引　网球比赛涵盖单打与双打战术，对运动员的比赛控制力给予考验。技术是基础，战术是运用，二者的合理结合对比赛结果起着至关重要的作用。

学习目标　理解网球单打、双打战术特点，掌握依据对手、场地及自身技术制订战术的方法，明确技术与战术结合对比赛结果的重要性。

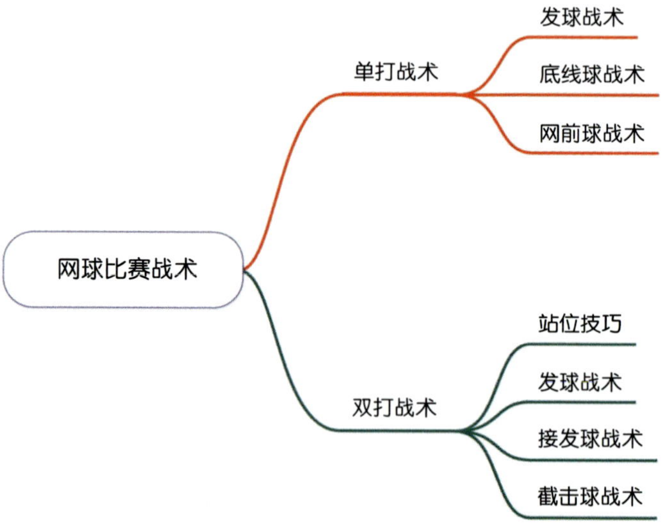

第一节　单打战术

一、发球战术

网球比赛是从发球开始的，发球的好坏直接影响着比赛的结果。在比赛中，使用发球战术应考虑以下几方面的因素：一是发球不受对方支配，可通过力量、速度和准确性达到得分的目的；二是针对对方弱点，攻击其薄弱处；三是注重落点、旋转和节奏的变化，使对方难以捉摸，攻其不备，利用自然条件给对方的接发球制造困难。最好的发球是速度、落点及旋转的完美结合。比赛中的第一发球采用速度较快的平击发球，发向对方场地的内角或外角。第二发球都采用旋转强烈且稳定性高的上旋球，发向对方的中路或其薄弱之处。

二、底线球战术

1. 压制反手，突击正手战术。此战术适用于对付反手较弱的对手，即集中力量攻击对方反手，迫使对方逐步离开场区。在集中力量攻击对方反手时，击球落点要深，力量及旋转性要适当加大，使对方只有招架之功，无还手之力。在抽球的过程中，可以适当增加网前小球，调动对方的跑位，只有打出灵活多变的落点才能收到好的效果（图 11.1.1）。

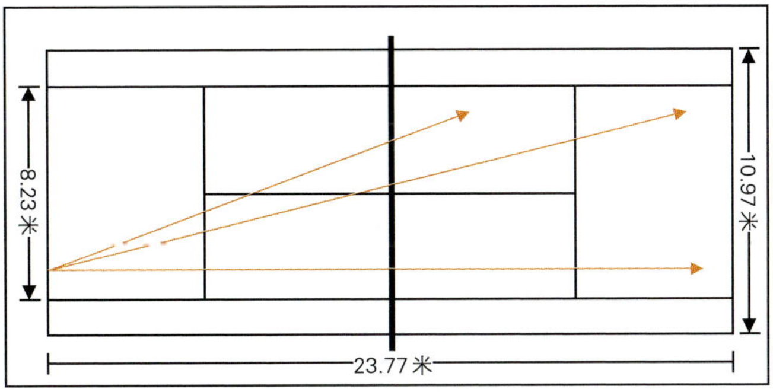

图 11.1.1　底线抽球战术路线图

2. 对角线战术。采用此战术的直接目的是最大限度地调动对方，消耗其体力，应该设法让对方做对角线跑动。本方力求保持击球落点要有深度，尽量把球击向发球区的两个角或两个底角，以此调动对方跑动，进而使对方在来回前后跑动中很难进行有力的反击（图11.1.2）。

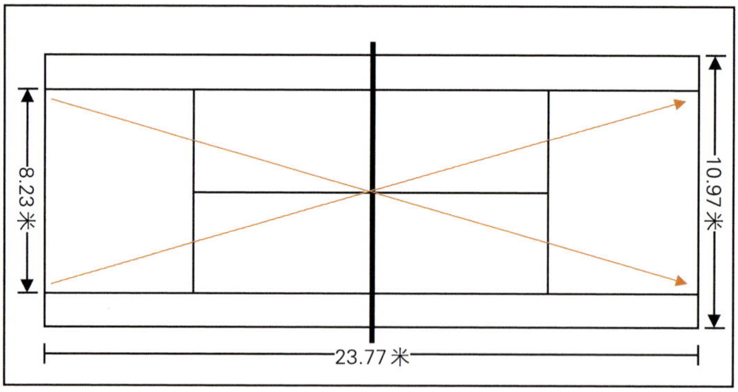

图11.1.2　对角线战术路线图

3.接二发球直接进攻战术。对于大多数运动员来说，第二发球都不是特别凶狠，可以移动至底线里面接球，当球刚刚跳起时就马上将球击回至对方底线，或者接发球采用削球上网。在发球抢攻时，身体重心要稍稍靠前，尽量在球的上升期击球，给对方施加时间上的压力（图11.1.3）。

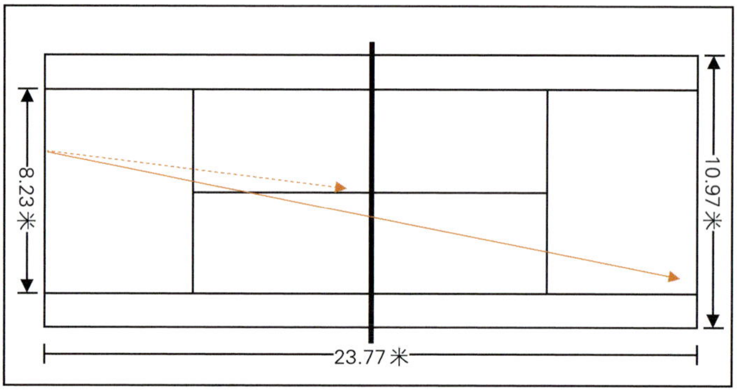

图11.1.3　接二发球直接进攻战术路线图

4.破网战术（挑高球）。对方上网时，可用打对方两边线区域的球破网，或挑高球迫使对方从网前回击。深的挑高球可引起对方回击无力，使本方得到上网的机会，熟练运用挑高球能让对方有所顾虑，减少上网截击次数，让其知道过于靠近球网就有可能被挑过顶球。降低上网的成功率还可用打球至对手脚下的方法对付上网，迫使其向上挑球而进行反击。

三、网前球战术

1.网前截击战术。网前打法中的截击球，基本站位应该是取位于对方可能回球的范围之内的中间。首先要预测对方来球的可能范围，然后朝着这个范围中央跑去。为了能做到正确取位，最重要的是要确认本方所击出的球应落在对方场中位置，接着是看清楚对方的跑动位置和击球姿势，由此来预测对方返回球的情况来决定本方的站位。这一方面是为了破坏对方的身体平衡，另一方面是缩小防守范围（图 11.1.4）。

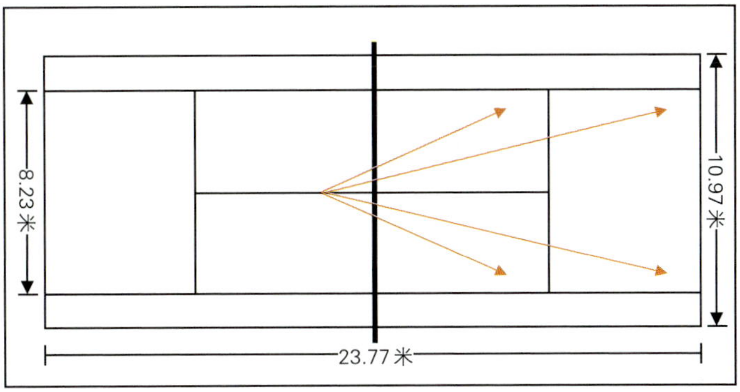

图 11.1.4　网前截击战术路线图

2. 发球上网战术。发球上网战术是通过发球将对方调动起来，让对方在身体平衡遭到破坏的状态下接球，在回球质量不高的情况下，本方积极上网进行截击。所以，要想使发球、截击结合在一起取得成功，首先要控制好发球。特别有效的战术是在左区发球的情况下使用切削发球；在右区发球的情况下使用旋转发球，使接球人跑到场外去追着接球，创造出空当场地，然后以截击球来攻击。网前打法虽然得分快，但与底线打法相比，也存在安全性差、危险性高的特点，故在条件不具备的情况下，不可贸然上网。

3. 随球上网战术。此战术的要点是对方回球很浅，本方快速冲跑向前，打出随机球，迫使对方回软球；然后以箭步向网前踏进，占据有利的位置，以保证可以在比网稍高的位置截击对方的回球。如果是发球上网，就要充分重视发球的路线和发球的种类。若能打出强有力的发球，可以根据对手回击的情况选择上网截击。

4. 高压扣球。在采取上网打法跑到网前时，对手一般要打穿越球或者放高球。对于突如其来的高球，应以高压扣球的方式应对。打这种球，应用力蹬地，力量从脚下产生，再传递到球拍上，使击出的球不仅有力度，而且有一定的路线和方向。

【课后自我评价】

评价内容	等级				
能够明确各战术练习方法的运用目的	1	2	3	4	5
能够熟练运用各战术练习方法	1	2	3	4	5
能够根据自身战术不足准确选择战术练习方法	1	2	3	4	5
能够通过战术练习方法提高实战水平	1	2	3	4	5

第二节　双打战术

一、站位技巧

发球员应站在中点和单打线的中间，准备发球后上网。其同伴应站在另一侧的发球线和球网之间。接右区发球时，接球员应站在端线靠近单打线处，接左区发球应稍靠中间一些。接球员的同伴应站在发球线前边靠近中线处（图11.2.1）。

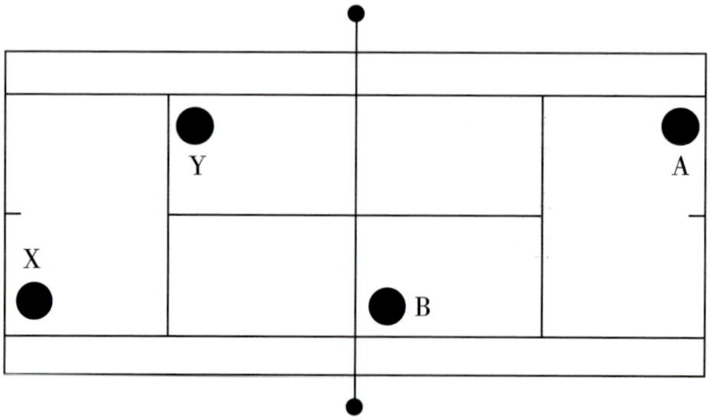

图 11.2.1　双打站位图

二、发球战术

双打比赛第一发球多用旋转球。发球时，让发球好的运动员先发球，一般将球发至对方的反手，偶尔也发正手球，以破坏对方的预测和准备。因此，在发球时要注意一发的成功率，减少失误，可将力度减少到单打比赛时的80%，同时重视球的落点。

三、接发球战术

双打的接发球与单打是完全不同的，接球方本身就处于劣势，对方网前还有截击的人，因此，回球范围缩小，在接球时要紧凑收拍，尽量将球打到中场，减少失误。此外，还可打斜线球给正向前跑的发球员，也可以打直线球给对方网前的人，挑防守性高球到对方的端线，挑进攻性高球给对方网前的球员。

四、截击球战术

网前截击是双打的主要得分打法，可在发球前就做出上网的决定。截击球在双打比赛中是重要的得分手段，在快速截击的时候，除了具备打远球的基本技术外，如果想限制发球者上网，就要多打边角球，也可在第一次截击时打对方的脚下，迫使其上挑而形成得分机会。

【课后自我评价】

评价内容	等级				
能够明确各战术的运用场景	1	2	3	4	5
能够准确完成双打战术	1	2	3	4	5
能够灵活运用双打战术	1	2	3	4	5
能够与队友配合默契	1	2	3	4	5

第十二章

网球竞赛规则与裁判法

导　　引　网球比赛规则是网球运动中为了保证比赛公平而制定的一系列规定和限制，涵盖竞赛项目、竞赛方法、裁判员职责与裁判法。

学习目标　熟知网球竞赛项目与方法，能够制定比赛规程，了解裁判理论与计分方法。

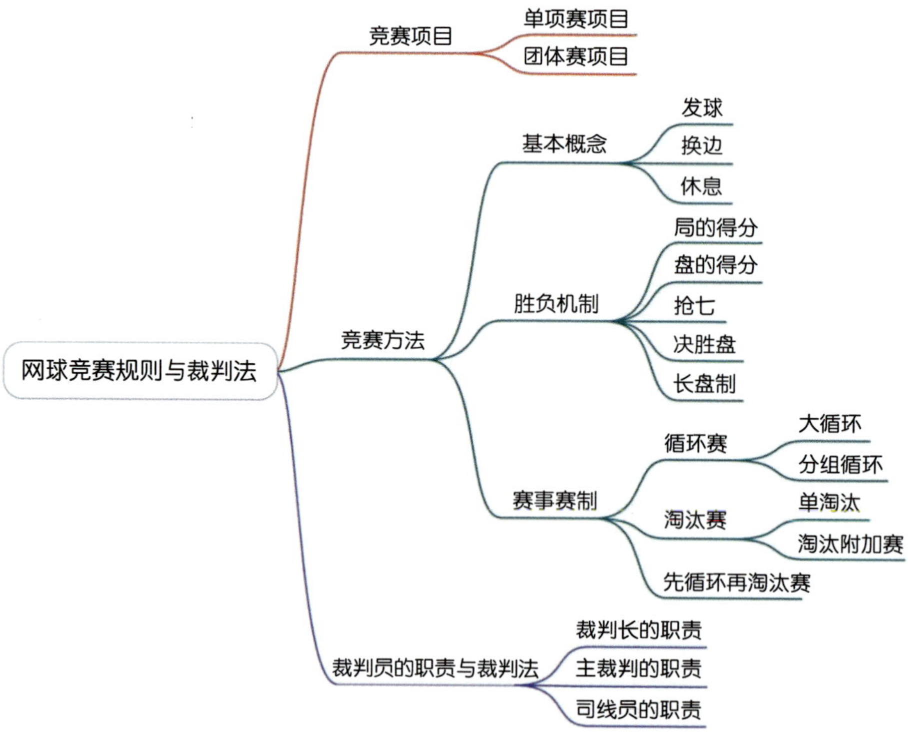

第一节　竞赛项目

网球竞赛项目主要分为单项赛项目和团体赛项目两大类。

单项赛项目包括男子单打、女子单打、男子双打、女子双打和混合双打。

团体赛项目包括男子团体、女子团体和男女混合团体。每个团体由两个单打和一个双打组成，出场顺序为第一单打、第二单打、双打。每个团体有三人以上（包括三人）参加，两个单打必须由两名队员出场参赛，并只允许两个单打参赛者的其中一名兼任双打比赛。在团体赛中，男子同女子一样采用三盘两胜制，但有些比赛男子采用五盘三胜制。

第二节　竞赛方法

一、基本概念

发球：每局比赛开始前，选手需要在底线后发球。发球时，球必须在发球区内落地一次后弹起。发球方在一局中有两个发球机会，如果第一次发球失误，可以再发一次（二发）。

换边：选手在每盘结束后以及每局结束后的特定局数（通常是每6局）需要换边。

休息：选手在每盘结束后有规定的休息时间；在某些比赛中，决胜盘前也有较长的休息时间。

二、胜负机制

局的得分：每局比赛通过计分来决定胜负，计分单位包括分（point）、局（game）、盘（set）和比赛（match）。一局中，首先需要赢得至少4分，并且比对手多至少2分才能赢得该局。分的计分方式为：0分（love）、15分、30分、40分，之后为局点（advantage）。

盘的得分：在大多数比赛中，一盘通常由6局组成，先赢得6局的选手赢得该盘。如果比分达到6比6，会进行“抢七”（tiebreak），即先赢得7分并且至少领先对手2分的选手赢得该盘。

抢七：在抢七中，选手轮流发球，先赢得7分并且至少领先对手2分的选手赢得该盘。抢七的得分从0开始，每赢得一分就增加1分，直到一方达到7分。

决胜盘：在五盘三胜制的比赛中，如果前四盘双方打成2比2平，第五盘为决胜盘。决胜盘的计分方式可能与前四盘不同，有些比赛会采用长盘制（即不采用抢七，直到一方领先两局），而有些比赛则采用抢七。

长盘制：在长盘制中，选手需要赢得比对手多两局才能赢得该盘，没有抢七。这种赛制较为耗时，但能更全面地考验选手的耐力和技巧。

三、赛事赛制

网球比赛通常采用循环赛（大循环、分组循环）、淘汰赛（单淘汰、淘汰附加赛）和先循环再淘汰赛的方式来进行。

循环赛：大循环是指所有参加比赛的球员和其他球员都比赛一次。分组循环是根据参赛人数分成若干组，每一个小组的球员相互比赛一次。

淘汰赛：单淘汰是指参赛球员抽签进行两两比赛，赢的球员继续参赛，输的球员被淘汰，直到淘汰剩下一名球员为止。淘汰附加赛是指在淘汰赛中，胜者与胜者、负者与负者再进行下一轮的比赛，直到决出所有的名次。

先循环再淘汰赛：先循环再淘汰赛是比赛先采用分组循环的方式进行，根据比赛规程，每个小组前X名的球员出线，再进行单淘汰比赛决出名次。

【课后自我评价】

评价内容	等级				
能够熟知运动竞赛项目与方法	1	2	3	4	5
能够灵活运用各竞赛方法	1	2	3	4	5
能够独立组织一场比赛	1	2	3	4	5

第三节　裁判员的职责与裁判法

比赛时如果设有裁判员，裁判员的判定就是最后的判定。比赛大会如果设有裁判长，运动员对裁判员有关规则的判定有异议时，可提请裁判长解决，裁判长的判定就是最后的判定。

比赛中设有司线员、司网和脚误裁判员等辅助人员时，对于具体发生的事例，他们的判罚就是最后的判罚。如果裁判员认为是明显误判，有权纠正辅助人员的判罚或指令该分重赛。

在团体赛中，球场上的裁判长有权更改任何判决，还可以指示裁判员判该分重赛。补赛时，双方运动员原有比分和原站方位仍然有效。

一、裁判长的职责

裁判长有权指定或更换裁判员、司线员、底线裁判员和网前裁判员。

裁判长必须精通规则，迅速做出判罚。

裁判长有权指定比赛的场地，有权决定无故不出场比赛的运动员和经过点名而不准备出场比赛的运动员为负方。

如果一场未进行完的比赛需要重赛，裁判长可以在征得比赛双方同意后做出仲裁或继续比赛的决定。

裁判长可以根据规则条文决定任何得分，裁判长的决定是最后的判罚。

由于天黑或是场地、气候等条件的原因，裁判长可以随时决定推迟比赛。

裁判长无权纠正裁判员、司线员、底线裁判员或网上裁判员根据实际情况做出的判决。

竞赛委员会应在现场维护比赛的正常秩序，并对比赛中发生的任何问题做出决定，在听取当事运动员申诉后，可以取消竞赛委员会对某一成员或某一裁判员的处分决定。

二、主裁判的职责

比赛开始前，检查球网和支柱的高度是否符合标准。

宣报发球失误、重发球、出界、击球犯规、脚误和两跳。

在记分表上登记胜方的得分。

每一局和每一盘比赛结束后，报局数分和盘数分。

如果运动员对司线员的判决有怀疑或有争议，则裁判员应做出是否得分的判决。

休息时间结束后，应立即恢复比赛。

在每局比赛开始时，应说明可能发生影响比赛的情况。

在比赛结束时填写记分表，将其送交竞赛委员会有关人员批准并保存。

当临场裁判员不能作出判断时，由主裁判执行其职责或判“重发球”。

当运动员做准备活动时，裁判员要清点该场裁判是否就位。

在进行裁判时，要运用专业术语。报局数分时应按照下列方法报：一局结束，第一盘，局数4平。报盘数分时应按照下列方法报：第三盘结束，局数6比4，盘数2比1，某某领先。一场比赛结束时按下列方法报：比赛结束，某某胜，盘数2比1，比分2比6、6比3、6比4。

裁判员有权中止比赛或推迟比赛。

比赛结束时，应宣布最后的比赛结果，并在记分表上签字。

裁判员应将所有与规则有关的申诉提交裁判长。

三、司线员的职责

司线员的职责是报发球失误和出界，判决他所看管的那条线上的出界球，以术语“出界/out”“失误/fault”“脚误/foot-fault”“更正/correction”大声宣读，并加以手势进行宣判。司线员有最后决定权，当对于某一分球司线员不能做出决定时，裁判员应予以判定或令重发球。

（一）出界或失误

手臂随球落地的方向侧平举，手掌摊开，手指并拢，掌心朝向主裁判。手势紧随口头宣报，并根据球出界的情况分别伸展左臂或右臂。需要注意的是，手势切勿取代口头宣报，手势仅是口头宣报“出界/out”或“失误/fault”的辅助动作（图12.3.1）。

图12.3.1　出界或失误手势

（二）界内球

双手并拢，掌心向下，并让主裁判看到。界内球不做口头宣报。此手势仅在必要时用以证实该球为界内球，不宣报（图12.3.2）。

图12.3.2　界内球手势

（三）未见

双手在面前并拢，手背朝向主裁，并于眼下位置，但不能遮挡自己的视线。此手势表示司线员视线因某种原因受阻，无法宣报。司线员不必口头宣报“未见”，做手势时无须出声（图12.3.3）。

图12.3.3　未见手势

（四）发球触网

遇到擦网球时，应宣报“发球触网”，手势为单臂上举，同时宣报“触网/net”（图12.3.4）。

图 12.3.4　发球触网手势

（五）脚误

发球时，从发球动作开始（主要指开始抛球）以后到球离开拍面前的这一段时间如果踩线，则视为犯规。当运动员出现“脚误”时，司线员应大声宣报“脚误/foot-fault”，使全场都能听到。

【课后自我评价】

评价内容	等级				
能够熟知各裁判职责	1	2	3	4	5
能够熟练应用各裁判手势	1	2	3	4	5
能够作为裁判独立执裁一场比赛	1	2	3	4	5

网球体能素质练习

一、网球专项体能训练的重要性

网球运动是一项既优雅又剧烈的运动。在网球运动中，运动员的专项体能主要表现为专项力量、专项速度、专项耐力、专项柔韧、专项灵敏性等。良好的专项体能既是网球运动员参与日常训练的重要基础，也是网球运动员参与正式网球比赛的重要基础。鉴于此，在日常网球训练中，教练要高度重视对网球运动员的专项体能训练，提高其身体素质，使其更加适应网球运动的专项要求。

二、网球项目的特点对运动员体能的要求

网球被称为“世界第二大球类”，属于技能主导类隔网竞技运动。目前，在一场正式的网球比赛中，不仅要比运动员的技战术，还要比体能、智能和心理，只有具备良好的综合素质，运动员才能在激烈的比赛中充分发挥水平。在网球项目职业化和商业化的今天，运动员只有具备非常好的体能，才能适应比赛的需要。

三、网球体能训练的注意事项

体能训练是为了提高身体的整体功能和运动表现，包括力量、速度、耐力、灵敏性和柔韧性等。在进行体能训练时，有几个重要的注意事项：首先，培养和维持正确的身体姿势，以预防运动伤害，同时提高运动效率；其次，要进行全面的训练，包括力量、灵活性和耐力等，以确保身体各部位均衡发展，特别要关注强化较弱的方面；再次，根据个人的年龄和发育水平调整训练强度，避免过度负荷导致的伤害，同时要注重营养摄入，特别是钙和磷的摄入，以支持骨骼健康和发育，还要遵循系统性训练原则，确保训练计划的连贯性；最后，要合理安排训练与休息，避免过度疲劳，促进身体恢复和性能提高。

四、网球专项力量素质训练

（一）上肢专项力量训练

1.俯卧撑快推击掌：运动员保持俯卧撑姿势，手臂弯曲，用力完成推手动作，

在最高点击手掌，重复同样的动作并保持节奏。练习中要保持躯干正直和紧张。

2.正手原地挥拍：站立时双脚分开，与肩同宽或略宽，膝盖微弯，身体重心略微前倾。非持拍手模拟抛球动作，持拍手握住球拍，拍面垂直于地面。从准备姿势开始，非持拍手向下移动，引导持拍手向后拉拍，形成一个大约180度的圆弧。保持肘部贴近身体，拍面在拉拍过程中保持向上的状态。在挥拍的最高点，拍面朝向目标方向，然后迅速向下挥拍，模拟击球。完成挥拍后，持拍手跟随球拍的自然运动轨迹，结束于身体另一侧。

3.反手原地挥拍：站立时双脚分开，与肩同宽或略宽，膝盖微弯，身体重心略微前倾。非持拍手模拟抛球动作，持拍手握住球拍，拍面垂直于地面，拍头朝向身后。非持拍手向上移动，引导持拍手向后拉拍，形成一个圆弧。拍面在拉拍过程中保持向下。肘部贴近身体，保持低重心，用身体的力量引导拍面向前上方挥动。在挥拍的最高点，拍面朝向目标方向，然后迅速向下挥拍，模拟击球。完成挥拍后，持拍手跟随球拍的自然运动轨迹，结束于身体另一侧。

（二）下肢专项力量训练

1.深蹲：保持站姿，双脚分开，和肩部同宽。缓慢下蹲，髋部向后移动，好像坐椅子的动作，下蹲至屈膝大约90度，大腿与地面平行，然后还原。以上动作重复进行。练习时注意挺胸，不要弓背，保持膝部位于双脚尖连线的垂直线上。下蹲时吸气，有助于增加腹内压，一定要保持挺胸，防止脊柱弯曲，站起时呼气。训练负荷为4～6次/组，做3～4组。

2.直臂单腿蹲起：单腿站立，挺胸收腹做蹲起动作。双手各持一哑铃，自然直臂垂于体侧或肩负杠铃，目视前方，挺胸、收腹、紧腰、沉髋，单腿屈膝下蹲至膝关节接近地面，稍顿蹲起，下蹲时膝关节与踝关节要在同一垂线上。训练负荷为6～8次/组，做3～4组。

3.提踵：双脚分开与肩同宽，双手各握一个哑铃，双臂放在身体两侧，掌心向内。尽可能高地提起脚跟，同时保持良好的身体平衡，肘关节是唯一一个运动着的关节。保持这一姿势1～2秒，然后脚跟慢慢降落，回到起始位置。

五、网球专项速度素质训练

（一）上肢专项速度训练

1.弹力带练习：正反手弹力带挥臂练习，通过增加手臂挥动的阻力，增强挥拍时的爆发力，从而提高击球的速度。

2.实心球（药球）练习：正反手交替抛球练习。

（二）下肢专项速度训练

1.交叉步练习：运动员上体保持正直，两腿在体前交叉，快速向侧面移动。侧向移动时只是一条腿在另一条腿前交叉，前后腿可以不交替。

2.滑步练习：运动员上体保持正直，一条腿并向另一条腿，快速向侧面滑动，两腿滑动的速度要尽可能快。

3.快速蹬踏练习：运动员降低身体重心，上体保持紧张，踝关节收紧，双脚连续交替以极限的快速频率连续交替蹬地。

六、网球专项耐力素质训练

（一）折返跑练习

参照标志物，从其中一点（起点）开始，按照要求，根据一定距离，跑至另一标志物（终点）处，用脚或手碰到标志物后立即转身（无须绕过标志物）跑回起点，再转身跑向终点，循环进行。

（二）耐力跑练习

在操场上进行中长跑练习，如1500米、3000米、5000米，跑动时要保持一定的速度。

耐力素质是在力量素质的基础上发展起来的，除上述耐力素质训练方法外，也可以参考力量素质训练，根据具体情况，以小重量、高频次的方法进行练习，发展耐力力量。

七、网球专项灵敏性素质训练

（一）绳梯练习

1.（前脚掌）前后交替：站在绳梯的一端，双脚分别置于梯形框的两侧，前脚掌着地，脚跟抬起。快速抬起前脚，迈入下一个梯形框，同时后脚跟进，双脚并拢。然后，迅速将后脚向前迈入下一个梯形框，前脚跟进并拢。重复这个动作，保持节奏和速度，从前一个梯形框移动到下一个梯形框。

2.双脚分合跳：前脚掌着地，双脚同时跳进方格内，随即分开跳出，再跳入下一格，依次进行。

3.（前脚掌）前后交替：双脚分别置于梯形框的两侧，前脚掌着地，脚跟抬起，快速抬起前脚，迈入下一个梯形框，同时后脚跟进。

4.（前脚掌）前后转髋：以方格内为中线，原则上并步时都要向方格内并步。

5.（前脚掌）前后交叉：与横梯平行站位，在横梯侧面进行，双脚依次进入方格再依次退出方格，接着进行下一格的练习。

（二）步法练习

1.基本分腿立练习：提高反应速度和准备状态。站立时，双脚分开，与肩同宽，膝盖微弯。当球被对方击打过来时，迅速进行一次小跳跃，双脚同时离地，然后落地，准备向任何方向移动。

2.侧步练习：增强横向移动能力和速度。在一条直线上放置几个标志物，运动员站在起点，侧步移动至第一个标志物，然后侧步返回起点，重复至所有标志物。

3.交叉步练习：提高快速改变方向的能力。运动员从静止状态开始，快速向前冲刺，然后使用交叉步（一只脚在另一只脚前面交叉）来改变方向，重复这个过程，模拟在场上追球的情景。

4.前后交叉步练习：加强前后移动的步法技巧和协调性。运动员站在一个点上，向前快速移动几步后立即后退，同时使用交叉步来加快速度。这个练习有助于模拟网球比赛中的上网和回退动作。

5.扇形跑练习：提高多方向移动和快速改变方向的能力。在地面上设置一个扇形的标记，运动员从扇形的顶部开始，快速跑到一个端点，然后侧步跑到另一个端点，最后快速返回起点。

6.米子跑：参照标志物，从其中一点（起点）开始，按照要求，根据一定距离，跑至另一标志物（终点）处，用脚或手碰到标志物后立即转身跑回起点，循环进行，依次完成所有标记点。

八、网球专项柔韧性素质训练

1.抬肩屈肘：站立，抬臂屈肘在头上方，另一手抓肘部向内后牵引，直到上臂得到充分牵拉，此练习可伸展肱三头肌。还可以将一只手搭在另一侧的肩上，用另一只手按压肘部横向牵引持续7～10秒，此动作可以一手臂伸直侧平举，掌心朝外，拇指朝下牵引。

2.手指推墙：靠墙前半米站立，身体前倾，用张开的手指连续缓慢地推墙。

3.剪刀腿坐：坐立，屈膝脚掌相对，尽量靠近腹股沟。双膝慢慢向下压，感受大腿内侧的伸展，每个动作持续10秒。

4.直腿体前屈：坐在地面上，双腿伸直并拢，上体前屈，双手抓脚尖。

5.侧步压腿：一腿膝关节弯曲，另一腿向侧面伸直，上体保持相对正直，降低重心，拉胯压腿。

【课后自我评价】

评价内容	等级				
能够准确完成体能训练	1	2	3	4	5
能够准确把握体能训练方法	1	2	3	4	5
能够根据自身不足灵活运用体能训练	1	2	3	4	5
能够设计出一套适合自己的训练方案	1	2	3	4	5